# 岁月留痕

SUIYUE LIUHEN

1

主编 林楚涛

亲爱的同学，当你打开这本书时，你就开启了一段惬意的旅程。从相遇、相知，到相伴前行，淡淡的书香将一直萦绕在你身边。

在初中语文教材里，你会读到许多名篇佳作，你将会沉浸在充满智慧、有温度的文字世界中，语文素养自然会得到提升。面对神秘奇幻的自然、日新月异的世界、渐趋丰盈的人生，每册教材中的二十几篇课文，恐怕很难再满足你的阅读需求。你的阅读理应更广泛、更自由、更专业。如何让课内外读物有机融合成滋养你成长的沃土？如何让点滴的阅读收获汇聚成助推你遨游书海的动力？我们汇聚全国各地的名师，在研读教材的基础上精选文章，设计帮你实现高效阅读、自主学习的平台和支架……

于是，便有了摆在你面前的这本书。

这本书分为经典诵读、单元学习、整本书阅读三个板块。

第一个板块是“经典诵读”，所选古诗词历久弥新。针对诗词中可能会给你造成阅读障碍的生字难词，我们加注了读音和注释，且辅以专业诵读音频供你赏听以及鉴赏资料供你查阅。希望你能利用每天的晨读或其他课余时间反复诵读，持之以恒，假以时日，定能厚积薄发。

第二个板块是“单元学习”，我们精心挑选了一组兼具经典价值和时代气息的文章，为你顺利完成新闻单元的学习任务提供便利。不同于传统阅读单元的编排方式，活动探究单元是采用任务群的方式组织单元学习内容的。在整个单元学习的过程中，你要完成三个任务：一是阅读五篇不同体裁的新闻作品，把握各自的特点；二是变身为专业记者，亲身体验采访的过程；三是学写消息，并尝试撰写特写、通讯等类体裁的新闻稿，有条件的同学还可以编辑、制作报纸或新闻网页。你将在一系列实践、探究活动中学到不少语言文字的实际运用本领。

为了让你对既熟悉又陌生的新闻文体有更全面的认识，为了让你的新闻采访活动进行得更加有序、顺畅，也为了让你能写出令人眼前一亮的新闻作品，我们精心地选取了一组优秀的新闻作品和对你的采访、写作活动具有指导意义的作品供你进行拓展学习。下面，我们将逐一介绍构成这个板块的三个单元：

第一单元是新闻阅读，此单元由“消息零距离”“特写万花筒”“通讯面面观”“评论与报告文学”四部分组成，这四部分分别对应教材第一单元中的两篇消息、一篇特写、一篇通讯和一篇新闻评论。

第二单元是新闻采访，所选文章既有采访方案、采访提纲，又有采访实录。文章内容通俗易懂又不失专业水准，相信一定可以为你的采访实践活动提供有效的引领、指导。

第三单元是新闻写作，选取了四篇文章，分别介绍了消息标题、导语、主体、结尾的写作要领，让你在撰写新闻时有章可循，有法可依。

第三个板块是“整本书阅读”，推荐书目多为《义务教育语文课程标准（2011 版）》中建议初中生阅读的名著。我们设计了“阅读导航”“精彩选篇”“阅读规划”“交流平台”等助读工具，若能激发你的阅读兴趣，为你提供科学的方法指导，助你养成主动阅读整本书的习惯，我们将由衷地感到欣慰。

愿这本书能陪伴着你在阅读的黄金时期，与经典交流，与大师对话，帮助你积累知识，开阔视野，丰富心灵，培育精神，做睿智、优雅的人！

顾之川

## 经典诵读

1 无衣 《诗经·秦风》/ 2
2 咏怀八十二首（其一） 〔三国〕阮籍 / 4
3 蜀道难（节选） 〔唐〕李白 / 5
4 晚晴 〔唐〕李商隐 / 7
5 海棠 〔宋〕苏轼 / 8
6 怀天经、智老，因访之 〔宋〕陈与义 / 9
7 临安春雨初霁 〔宋〕陆游 / 10
8 陶者 〔宋〕梅尧臣 / 12

## 新闻阅读·消息零距离

### 范文阅读

1 创造港珠澳大桥的“极致” 陈新年 廖明山 / 14
2 折翼海天，用生命为航母事业铺路 徐双喜 陈国全 / 17

### 组文阅读

1 我军第一代女导弹操作号手亮剑高原 梁蓬飞 李永飞 / 20

2 中国女药学家屠呦呦获诺贝尔奖　付一鸣　和苗 / 22
3 新一代南极长城站地震台完成改建并已开始运行　叶昊鸣 / 24
4 “鹞鹰”Ⅱ察打一体无人机首飞成功　胡喆 / 26
5 我国成功发射第四十二、四十三颗北斗导航卫星　樊永强　杨欣 / 27

## 新闻阅读 · 特写万花筒

### 范文阅读

1 “零”的突破　高殿民 / 31
2 梦碎雅典　杨明　马小林 / 35

### 组文阅读

1 南极西冰架的冰山与动物世界　刘诗平 / 39
2 怒放啊，开山岛上那抹最耀眼的红……　杨绍功 / 41
3 中国传统花灯点亮法国蔚蓝海岸　唐霁 / 44

## 新闻阅读 · 通讯面面观

### 范文阅读

1 沸腾了的北平城——记人民解放军的北平入城式　刘白羽 / 48
2 依依惜别的深情（节选）　魏巍 / 54

## 组文阅读


1 访“葡萄常” 邓拓 / 64

2 一位突尼斯机修工的“逆袭” 刘锴 / 70

3 世界选择北京——写在北京申奥成功之际 王军 刘江 / 73

4 “金孔雀”，请你归航！ 周猛 张科进 魏兵 / 78

5 她把爱和生命留在了雪域——记公益天使熊宁 李斌 孙海华 / 84


# 新闻阅读 · 评论与报告文学

## 范文阅读


1 残奥会承载的不止超越与梦想 李斌 / 94

2 承载使命，为国远航 黎云 张瑞杰 / 98


## 组文阅读


1 点亮“国宝”回家之路 王珏 / 102

2 让全社会充满道德温度 张贺 / 105

3 中国故事，更精彩的书写还在后面 新华社评论员 / 108

4 天空的微笑 徐剑 / 112


# 新闻采访

## 范文阅读


1 新闻采访方案设计 贺敬敬 / 124

2 采访提纲的设计 王雪芳 / 129

组文阅读

戚发轫院士专访：从“神舟”到“天宫”（节选） 余建斌 / 133

## 新闻写作

类文阅读

1 消息标题 郭光华 / 139
2 新闻导语写作技巧 陆远 / 146
3 写好消息主体部分的几个要领 陈已恒 / 150
4 常见的几种新闻结尾的写法 郭光华 / 155

## 整本书阅读

记者札记 梁衡 / 159

在经典中浸润，在诗海中徜徉，让心灵开始一次雅韵悠长的旅程。从《诗经》到宋词，从田园到边塞，从婉约到豪放，从现实主义到浪漫主义……那些作品，或率真质朴，或清幽缠绵，或慷慨刚健，或隽永蕴藉，寄托了中华儿女的家国情怀，传承着博大精深的中华文明。

有了诗词的濡染，我们的学习自当渐入佳境；有了经典的浸润，我们的生活定会异彩纷呈。

扫码收听朗诵音频

# 1. 无 衣

⊙《诗经·秦风》

岂曰[①]无衣[②]？与子[③]同袍[④]。王[⑤]于[⑥]兴师[⑦]，修[⑧]我戈矛[⑨]，与子同仇[⑩]。

岂曰无衣？与子同泽[⑪]。王于兴师，修我矛戟[⑫]，与子偕作[⑬]。

岂曰无衣？与子同裳[⑭]。王于兴师，修我甲兵[⑮]，与子偕行[⑯]。

---

① 岂曰：怎能说，难道说。

② 衣：上衣。

③ 子：你。

④ 同袍：同穿一件战袍。

⑤ 王：指秦王。

⑥ 于：语助词，无意义。

⑦ 兴师：起兵。

⑧ 修：修整，整治。

⑨ 戈矛：戈和矛，古代长柄兵器。这里以“戈矛”泛指各种兵器。

⑩ 同仇：齐心合力，打击敌人。

⑪ 泽：贴身的衣裤。

⑫ 戟：长柄兵器。

⑬ 偕作：共同行动。

⑭ 裳（cháng）：古人称上衣为衣，下衣为裳，此指战裙。

⑮ 甲兵：铠甲、兵器。

⑯ 偕行：一同出发（上战场）。

这是一首反映秦国士兵互相关心、团结友爱、同仇敌忾、共同御敌的精神气质的军中战歌。全诗三章，出之以士兵相语的口吻，似是激战前夕的互勉之词。国难当头，人人争赴沙场，斗志昂扬，岂能以无衣为虑！从诗中分明可以看到兵士们聚集在一起修整武器准备迎敌的紧张而热烈的场面。这首小诗音节短促，主题鲜明，文字浅显，内涵丰富，体现出秦人轻生死、重气节的尚武精神与爱国情怀，是秦人精神面貌的真实写照。

## 中国古代战争中的常用兵器

戈：中国古代战争中的主要兵器。其刃横出，可钩可击，与矛专刺、殳专击者不同，亦与戟之兼刺与钩者异。商朝至汉朝时使用广泛。其突出部分叫作“援”，“援”上下都有刃，可以用来钩割或啄刺敌人。

矛：是中国古代战争中用于直刺和扎挑的长柄格斗兵器，是古代军队中大量装备和使用时间最长的冷兵器之一。古人根据矛的长度和形态将其分为“蛇矛”和“长矛”。

戟：古书中也称“棘”，是将戈和矛合为一体的格斗兵器，具有刺击和钩杀双重功能，杀伤力比戈和矛都要强，能够明显提高战斗效能。戟在商代即已出现，西周时也有用于作战的，但是不普遍。到了春秋时期，戟已成为常用兵器之一。

扫码收听朗诵音频

# 2. 咏怀八十二首（其一）

⊙〔三国〕阮籍

夜中不能寐，起坐弹鸣琴。
薄帷①鉴②明月，清风吹我襟③。
孤鸿④号外野⑤，翔鸟⑥鸣北林⑦。
徘徊将何见？忧思独伤心。

这是阮籍《咏怀》诗的第一首，是八十二首咏怀诗的总开端。真实而概括地写出了诗人身处当时社会现实中的内心苦闷。一、二句写诗人夜半尚未成眠，暂以弹琴排遣心中愁绪。三、四句写清风明月，烘托人的凄凉寂寞。五、六句写孤鸿之号、翔鸟之鸣，渲染人的惊悸不安。七、八句自问自答，点出这位不眠者的忧思和感伤。

---

① 薄帷：薄薄的帷帐。

② 鉴：照。

③ 襟：衣襟。

④ 孤鸿：失群的鸿雁。

⑤ 外野：野外。

⑥ 翔鸟：盘旋飞翔的鸟。

⑦ 北林：《诗经·秦风·晨风》："鴥（yù）彼晨风，郁彼北林。未见君子，忧心钦钦。如何如何？忘我实多！"后人往往用"北林"一词表示忧伤。

# 3. 蜀道难[①]（节选）

⊙〔唐〕李白

蜀道之难，难于上青天，使人听此凋朱颜[②]！连峰去[③]天不盈尺，枯松倒挂倚绝壁。飞湍[④]瀑流争喧豗[⑤]，砅[⑥]崖转石[⑦]万壑雷[⑧]。其险也如此，嗟尔远道之人胡为乎来哉[⑨]！

剑阁[⑩]峥嵘而崔嵬[⑪]，一夫当关，万夫莫开。所守或匪[⑫]亲，化为狼与豺[⑬]。朝避猛虎，夕避长蛇，磨牙吮血，杀人如麻。

---

① 蜀道难：古乐府旧题。

② 凋朱颜：这里是吓得脸变色的意思。

③ 去：距离。

④ 飞湍（tuān）：奔腾的急流。

⑤ 喧豗（huī）：喧闹声。这里指急流和瀑布发出的巨大响声。

⑥ 砅（pīng）：水冲击石壁发出的响声，这里作动词用，冲击的意思。

⑦ 转石：水流冲击使石翻滚。

⑧ 万壑雷：水在山沟中奔腾冲击发出雷鸣般的声响。

⑨ 胡为乎来哉：为什么到这里来？

⑩ 剑阁：指今四川省剑阁县北的大剑山和小剑山，群峰如剑插天，两山如门，极为险要。

⑪ 峥嵘、崔嵬（wéi）：高峻的样子。

⑫ 匪：通“非”。

⑬ 狼与豺：比喻叛乱的人。

锦城[1]虽云乐，不如早还家。蜀道之难，难于上青天，侧身西望长咨嗟[2]！

本诗内容丰富而深刻，诗人生动细致地描绘了由秦入蜀道路上山川的奇险，歌颂了祖国山河的雄伟壮丽。同时通过描写蜀道难行，寄寓了诗人对世道人情险恶和社会动乱的感慨。诗歌既描写了自然风光，又反映了社会现实。

本诗在艺术上相当成功，诗人通过高度的艺术概括、丰富的想象、夸张的手法、雄放的语言、参差错综的句式和富有变化的韵律，把大自然、神话、历史和现实熔于一炉，描绘了一幅雄伟壮丽的画卷。

① 锦城：锦官城的简称，即成都。

② 咨嗟：叹息。

扫码收听朗诵音频

# 4. 晚　晴

⊙〔唐〕李商隐

深居①俯②夹城，春去夏犹③清④。
天意怜幽草⑤，人间重晚晴。
并⑥添高阁迥⑦，微注⑧小窗明。
越鸟⑨巢干后，归飞体更轻。

赏析

这首诗写于唐宣宗大中元年（847），诗人当时任桂管观察使郑亚幕僚。雨后晚晴，夕晖照映，空气澄澈，境界明净，幽草丛生，归鸟轻捷。面对如此美好的自然景色，诗人不是感叹好景难驻，而是分外珍重，表露了其积极向上的人生态度。“天意”二句将诗情哲理融入写景之中，感情深长，境界阔大，耐人回味。

---

① 深居：幽僻的住所。

② 俯：住所地势高，所以说“俯”。

③ 犹：仍，还。

④ 清：清和，不太炎热。

⑤ 幽草：生长在幽暗处的小草。

⑥ 并：更。

⑦ 迥：远。

⑧ 微注：夕阳的余晖微微照射。

⑨ 越鸟：南方的鸟。

扫码收听朗诵音频

# 5. 海　棠

◎〔宋〕苏轼

东风袅袅[①]泛崇光[②]，香雾空蒙月转廊[③]。
只恐夜深花睡去，故烧高烛照红妆[④]。

**赏析**

这首诗之所以受人推崇，原因有二：其一是苏轼将月下海棠花的韵致写得如此秀雅朦胧，有“雾里看花”的特殊意趣；其二是当“命途多舛”的诗人独对深夜月下海棠花时，那种视花如人、相惜相怜的深情足以打动读者。苏轼入黄州居住，是他一生中漂泊不定的大转折，才华横溢的诗人此时好像一只“惊起却回头，有恨无人省。拣尽寒枝不肯栖”的孤鸿，心灵和翅膀都承受着巨大的伤痛，但豪放豁达的苏轼却在人生跌入低谷时跃上文学的高峰，生命的体验深刻了，文学才华便闪烁出灿烂的光芒来。

---

① 袅袅：微风吹拂的样子。

② 泛崇光：海棠花泛着光泽，高洁而美丽。

③ 月转廊：月亮转过阁楼，意思是夜已深。

④ 红妆：指海棠花。

扫码收听朗诵音频

# 6. 怀天经、智老[1]，因访之

⊙〔宋〕陈与义

今年二月冻初融，睡起苕溪[2]绿向东。
客子光阴诗卷里，杏花消息雨声中。
西庵[3]禅伯[4]还多病，北栅[5]儒先[6]只固穷。
忽忆轻舟寻二子，纶巾鹤氅试春风。

宋高宗绍兴六年（1136）旧历二月，陈与义寓居苕溪畔的青镇，因怀念对岸的两位朋友天经和智老而写下这首诗。开篇写时间变化，一夜之间，春水已涨，尽向东流，顿生怀友、访友之意。但笔意至此，先出一折，从自己写起。安于贫贱，甘于淡泊，在吟诗作赋的生涯中，看到杏花春雨又送来一个春天，心中充满了顺适之感。自己如此，友人也是一样。所以下面写到禅伯之多病，儒先之固穷。实则写己即写友，写友即写己，二者互为生发。有了前面的铺垫，末二句就顺理成章地踏上了访友的路途。至于见到友人后的情形，却全都忽略了，留给读者想象的空间。

---

① 天经、智老：天经，姓叶，名懋；智老，即洪智，一位和尚。

② 苕溪：河名，源出浙江省天目山，流经杭州、湖州等地，注入太湖。

③ 西庵：智老所居之处。

④ 禅伯：精于佛学的人，指智老。

⑤ 北栅：天经所居之处。

⑥ 儒先：儒生，精于儒学的人，指天经。

扫码收听朗诵音频

# 7. 临安春雨初霁[①]

⊙〔宋〕陆游

世味[②]年来薄似纱，谁令骑马客京华[③]？
小楼一夜听春雨，深巷明朝卖杏花。[④]
矮纸[⑤]斜行闲作草[⑥]，晴窗细乳[⑦]戏分茶[⑧]。
素衣莫起风尘叹[⑨]，犹及清明可到家。

---

① 霁：雨后或雪后转晴。

② 世味：对于人情世态的兴味。

③ 京华：京城，这里指临安（今浙江杭州）。

④ “小楼”二句：陈与义《怀天经、智老，因访之》诗有“客子光阴诗卷里，杏花消息雨声中”之句，此化用其意。

⑤ 矮纸：短纸。

⑥ 作草：写草体字。草，草体字。

⑦ 细乳：沏茶时水面呈白色的小泡沫。

⑧ 分茶：指鉴别茶的等级，这里指品茶。分，区分，鉴别。

⑨ 素衣莫起风尘叹：陆机《为顾彦先赠妇》诗有“京洛多风尘，素衣化为缁”之句，此句化用其意，意谓不必像陆机诗那样，感叹京城的风尘染黑了白色衣服，不堪世路风尘之苦。素衣，白色衣服。素，白绢。

此诗作于淳熙十三年（1186）春，是诗人在临安客舍所作。首联写入京心情：本已淡泊仕宦生活，但身不由己，无奈入京；颔联化用前人诗意，却似脱口而出，抓住临安春色特点，化视觉形象为听觉形象，强化了主观感受，既写出临安春雨初霁的清新优美景致，更渗入诗人孤寂抑郁的心绪，为后人所激赏；颈联以行为写心理，透出淡泊的精神气质，又带出无所事事的空落失望情味，亦为妙笔；尾联写离京意愿：厌倦世路风尘，急思归乡。此诗把厌倦世路风尘的急切心情与淡泊的宁静风调和谐地统一起来，而诗人长期以来爱国壮志难酬，屡遭贬谪的苦闷、失望、不平则深寓其中，既清新朴直，又委婉含蓄。诗的各联之间均衔接自然，流转圆活。

扫码收听朗诵音频

# 8. 陶　者[1]

⊙〔宋〕梅尧臣

陶尽门前土，屋上无片瓦。
十指不沾泥，鳞鳞[2]居大厦。

这首诗短小精悍，语言朴实，通过鲜明的对比，反映了劳动人民的成果被统治者剥夺的社会现实，表达了作者对剥削者的愤慨及对劳动者的同情。辛苦劳作的陶者“屋上无片瓦”，而“十指不沾泥”的人却可以“鳞鳞居大厦”，坐享其成，这无疑是对统治者的批判。

《诗经·伐檀》中有“不稼不穑，胡取禾三百廛兮”之诘问，张俞《蚕妇》中有“遍身罗绮者，不是养蚕人”之叹，梅尧臣《陶者》与这两首诗有异曲同工之妙。

① 陶者：烧制陶器的人，这里指烧瓦工人。

② 鳞鳞：这里用来形容大厦的瓦片很多，一片一片像鱼鳞一样。

# 消息零距离

消息作为一种文体，指的是只报道事情的概貌而不讲述详细的经过和细节，以简要的文字迅速传播新近事实的新闻体裁，也是被经常采用的新闻体裁。狭义的新闻，指的就是消息。

阅读本单元的文章，要学会从新闻要素的角度把握内容，梳理消息的六要素（何时、何地、何事、何人、何故、如何）；把握标题简明、醒目，概括性强的特点，区分消息结构的五部分（标题、导语、主体、背景、结语）；体会消息的准确性和客观性，能区分客观事实与主观评价，学会从字里行间揣摩作者的态度和倾向，培养独立思考的习惯；把握消息语言真实、准确、精要，时效性强的特点。

# 1. 创造港珠澳大桥的“极致”

⊙陈新年　廖明山

消息头是消息的文体特征，是与其他文体区分的基本特征之一。说说这个消息头与《消息二则》中的有何不同。

**本报讯（记者 陈新年 廖明山）**港珠澳大桥海底隧道工程近日完成“最终接头”的安装，已经可以步行穿越了。昨天，记者来到这条世界最长的海底隧道采访，除了兴奋之外，还得到了一个令人震惊的消息：在“最终接头”成功安装后，还进行了一次耗时34小时“返工”式的精密调整，最终将误差缩小到了“毫米”，建设者们说：“我们没留遗憾。”

背景介绍体现出作者的情感倾向。边读文边勾画出文中其他能体现作者情感倾向的句子。

港珠澳大桥海底隧道是世界最长的海底深埋隧道，沉管总长度5664米，由33节混凝土预制管节和1节12米长的“最终接头”组成。其中，“最终接头”所采用的“小梁顶推”技术和装备为自主研制并属世界首创。

5月2日，“最终接头”在10多位外国

专家和 99 名媒体记者的见证下，在 28 米深的海水中实现成功安装，南北向线形偏差控制在正负 15 厘米的标准范围内，实现了“日出起吊、日落止水、滴水不漏”的奇迹。

欢呼祝贺过后，最终接头的线形偏差引起了争论。“港珠澳大桥是 120 年设计使用寿命的超级工程，就像之前曲曲折折的 33 根沉管安装一样，这一次也绝不能留下任何遗憾。”3 日早上，中国交通建设股份有限公司总工程师、港珠澳大桥岛隧项目总指挥林鸣提出了一个大胆的想法——重新安装调整。

“这么好的结果，我反对再调整！”决策会上，“最终接头”止水带供应商的工程师乔尔表示，“虽然止水带仍然可以再压缩一次，但是为了精调一个方向，就可能将这些来之不易的完美重新置于不确定性之中，一旦发生碰撞，不仅损失超亿元，甚至会造成重大事故。”

上午 10 时许，多方讨论的结果是“偏执”占了上风。乔尔被这些为了精益求精而甘愿承担极大风险的中国工程师的情怀所感动，他感叹“这是一个非常艰难的决定”。

4日晚8时43分，执着的大桥建设者经过34小时的奋战，将“最终接头”的线形偏差成功缩小到东侧0.8毫米、西侧2.5毫米。

文中多处引用新闻当事人的话，增加了新闻的可信度和现场感。

“这就是我想要的结果。”一天没上厕所、连续34个小时没合眼、指令发出上万次的林鸣终于笑了。“在我参与的15座沉管隧道建设中，这个是最棒的，没有之一，港珠澳大桥是世界造桥技术的最高体现。”乔尔感慨万千。

荷兰某隧道工程咨询公司是世界沉管隧道领域的佼佼者，曾笑称“中国企业不会走路就想跑”。5日，该公司发来贺电，向精准完成这一世界级难度安装的工程建设者们致敬。贺电中说，中国建设者的最终接头施工方案，是对世界沉管隧道技术的重大贡献。

（《珠江晚报》2017年5月11日）

**学习提示**

请利用所学，概述这则消息的主要内容，概述时要讲清楚新闻六要素，即何时、何地、何事、何人、何故、如何。阅读中还要梳理消息的结构，了解和体会标题、导语、主体、背景、结语各部分的特点及作用。

# 2. 折翼海天，用生命为航母事业铺路

⊙徐双喜　陈国全

4.4 秒，生死一瞬，他毅然选择“推杆”挽救飞机，放弃了第一时间跳伞。2016 年 4 月 27 日，海军歼 –15 舰载机飞行员张超因飞机机械故障，在陆基模拟着舰训练中壮烈牺牲。没有留下豪言壮语，只有拼尽全力的执着，他最终倒在离梦想咫尺之遥的地方——只剩下最后 7 个飞行架次，他就能飞“上”航母辽宁舰。这一天，年仅 29 岁的他，来不及给年迈的父母、亲爱的妻子、两岁的女儿留下一句话，便匆匆走了。

朴实的白描，引人联想，令人悲戚。消息导语部分是文章的“头”，起势夺目，引人入胜，如同凤头一样俊美精彩。

“他是我选来的，也是我送走的，他是个天生的优秀飞行员。”海军某舰载航空兵部队部队长戴明盟动情地说。张超，海军少校，一级飞行员，飞过 8 个机型。他驾驶歼 –8

巡逻西沙，驾驶歼-11B在南海战备值班。从陆基转为舰基，他的飞行技能有口皆碑。着舰指挥官王亮说："他最后一个飞行架次表现依旧出色，面对特情，他的处置冷静而准确。"

国之利器，以命铸之。舰载机上舰飞行，被喻为"刀尖上的舞蹈"，是航母形成战斗力的关键。为国担当，他到舰载航空兵部队报到时与妻子张亚约定："未来一年别来探亲，等我驾战机从航母上凯旋，再与你相聚！"凭着拼命三郎的劲头，张超和战友克服前所未有的风险和挑战，在一年之内完成歼教-9、歼-15两型战机改装。"他用自身的实践，为海军舰载战斗机飞行员快速成长探索出了一条路。"海军某舰载航空兵部队参谋长张叶说。

消息的语言要真实、精要。思考：文中多次引用领导和战友的话有何作用？为什么不写一写说话人的动作、神态？

"无论何时，他的脸上都挂着灿烂的微笑。"这是张超留给战友最深刻的记忆。篮球场上，满场飞奔、笑声爽朗的是他；饭桌上，讲笑话逗大家乐的是他；训练中，面对风险笑容依旧的是他。最后一次飞行，他还是微笑着登上战机……张超走了，战友们才意识到：这微笑的背后，是如山的坚强。海军某舰载航空兵部队政委赵云峰说："他用自己的牺牲换来战友们的飞行安全，用年轻的生命为航母事业铺路。"

暴雨如泣，英雄回家。他的老师不愿相信"那个品质淳朴、学习认真的阳光男孩"就这样走了；他的同学不愿相信"那个英俊帅气、有情有义的哥们"就这样走了。妻子张亚喃喃道："超，醒一醒，你给我买的新裙子，我还没穿给你看呢。"女儿的哭声，让送行的人们泪流满面，却没能唤醒"睡着了的爸爸"。看完飞行事故视频，老父亲抹干眼泪："崽，你尽力了，跟爸回家吧。"

妻子、女儿、老父亲的话朴实无华。消息的结语，如同豹尾一样雄劲潇洒。

**学习提示**

这则消息报道了海军歼-15舰载机飞行员张超烈士的英雄事迹，虽然只有短短900多个字，但写出了英雄用生命为航母事业铺路的悲憾，让英雄形象可感可触。

本文荣获"第二十七届中国新闻奖一等奖"。这则消息，文字的张力十足，情绪饱满，以情动人，激发情感共鸣。请结合具体语句，说说作者是如何将自己的情感倾向隐含在干净利落的文字之中的。

# 1. 我军第一代女导弹操作号手亮剑高原

⊙梁蓬飞　李永飞

盛夏时节，第二炮兵某基地训练团女兵发射分队千里挺进西北高原，首次执行实弹发射任务。随着惊天动地的轰鸣响彻群山，两枚导弹刺破苍穹，准确命中目标。此举标志着我军第一代女子导弹操作号手全面形成实战能力。

2010 年 3 月，第二炮兵某基地着手组建第一代女子导弹发射单元。经过层层选拔，35 名女军人脱颖而出，她们之中，有 4 名军官，31 名战士，32 人具有大专以上学历。从此，这群平均年龄不到23岁的女兵，开始了挑战自身极限的冲刺：强化意志体能、深研基本理论、苦练实装操作、合力排障除险……经过 480 多个日月晨昏的洗濯磨淬，她们顺利通过了导弹操作号手资格认证，创造了第二炮兵战斗部队独立发射能力生成周期最短的纪录。

此次实弹发射，她们从受命出征的那一刻起，历经跨区机动、伪装防护、野战宿营、对抗演练，最终走向海拔 3000 多米的陌生战场。

高原朔风劲，寒气侵征衣。

晨曦微露，女子发射单元指挥长、0号手彭镢棣一声令下：“占领阵地！”其他号手迅速就位。展车起竖、转弹瞄准、装订诸元……在她们的娴熟操控下，乳白色导弹直指长空，蓄势待发。2号手陈勤执行完最后一道指令，面向发射车伫立。她的哥哥陈大桂，生前也是一名出色的导弹操作号手，在汶川大地震中为抢救群众光荣牺牲。2008年底，陈勤参军入伍，循着哥哥的足迹成为一名火箭兵。此次高原亮剑之地，正是她哥哥曾经发射导弹的地方。

“10、9、8、7、6……点火！”上午9时整，1号手谢凌霞沉着按下发射按钮。导弹呼啸而起，在天空中划出一道壮美航迹。

“导弹命中目标！”几分钟后，作战指挥大厅传来捷报，35名女兵欢呼雀跃，相拥在一起。

# 2. 中国女药学家屠呦呦获诺贝尔奖

⊙付一鸣　和苗

**新华社斯德哥尔摩 2015 年 10 月 5 日电（记者　付一鸣 和苗）** 瑞典卡罗琳医学院 5 日在斯德哥尔摩宣布，将 2015 年诺贝尔生理学或医学奖授予中国女药学家屠呦呦，以及另外两名科学家威廉·坎贝尔和大村智，表彰他们在寄生虫疾病治疗研究方面取得的成就。

这是中国科学家因为在中国本土进行的科学研究而首次获诺贝尔科学奖，是中国医学界迄今为止获得的最高奖项，也是中医药成果获得的最高奖项。今年诺贝尔生理学或医学奖奖金共 800 万瑞典克朗（约合 92 万美元），屠呦呦将获得奖金的一半，另外两名科学家将共享奖金的另一半。

按惯例，揭晓今年诺贝尔生理学或医学奖的发布会在卡罗琳医学院"诺贝尔大厅"举行。当地时间 11 时 30 分（北京时间 17 时 30 分），诺贝尔生理学或医学奖评选委员会秘书乌尔班·伦达尔宣布了获奖者名单和获奖原因。

诺贝尔生理学或医学奖评选委员会主席齐拉特对新华社记者说："中国女科学家屠呦呦从中药中分离出青蒿素应用于疟疾治疗，这表明中国传统的中草药也能给科学家们带来新的启发。"她表示，经过现代技术的提纯和与现代医学相结合，中草药在疾病治疗方面所取得的成就"很了不起"。

20世纪六七十年代，在极为艰苦的科研条件下，屠呦呦团队与中国其他机构合作，经过艰苦卓绝的努力并从《肘后备急方》等中医药古典文献中获取灵感，先驱性地发现了青蒿素，开创了疟疾治疗新方法，全球数亿人因这种"中国神药"而受益。

目前，以青蒿素为基础的复方药物已经成为疟疾的标准治疗药物，世界卫生组织将青蒿素和相关药剂列入其基本药品目录。

诺贝尔奖评选委员会说，由寄生虫引发的疾病困扰了人类几千年，构成重大的全球性健康问题。屠呦呦发现的青蒿素应用在治疗中，使疟疾患者的死亡率显著降低；坎贝尔和大村智发明了阿维菌素，从根本上降低了河盲症和淋巴丝虫病的发病率。今年的获奖者们均研究出了治疗"一些最具伤害性的寄生虫病的革命性疗法"，这两项获奖成果为每年数百万感染相关疾病的人们提供了"强有力的治疗新方式"，在改善人类健康和减少患者病痛方面的成果无法估量。

# 3. 新一代南极长城站地震台完成改建并已开始运行

⊙叶昊鸣

**新华社北京 2 月 14 日电（记者 叶昊鸣）**记者 14 日从中国地震局了解到，在中国第 35 次南极科学考察队赴南极考察活动中，由中国地震局地球物理研究所承担的南极长城站地震台改建任务日前已完成，新一代长城站地震台正式开始运行。

据中国地震局有关负责人介绍，改建后的长城站地震台实用、坚固、耐久，背景噪声低，具有远程实时监控能力和数据传输功能，可在长期无人值守情况下正常运行，将有效提升我国在南极地区的地震监测能力，为开展南极地震学研究提供高质量地震观测数据，有助于加深对南极地区地震活动的认知和研究，探明南极大陆地壳和地幔的深部结构。

这位负责人表示，近年来，因地震台初建时期所使用的材料和仪器装备等技术原因，加上长期受到南极地区极端灾害性天气影响，无法及时进行维护维修，长城站地震台损毁严重。特别是 2018 年 3 月，长城站遭遇罕见大风，地震台观测房严重受损，地震观测工作被迫中断，急需尽快恢复并改善南极地震观测基础设施和工作条件。在中国地震局统筹协调和推进下，地球物理研究所承担此次南极长城站地震台改建工作，与自然资源部极地考察主管部门组织任务实施，设计定制了新一代地震观测仪器和运行保障系统。2018 年底，地球物理研究所研究员抵达长城站后，与长城站科研人员、工程保障人员完成地震观测房地基和仪器基座的开挖浇筑，观测房吊装组装，低温甚宽带地震仪安装调试等工作。

据了解，长城站地震台于 1985 年建成投入使用，一直承担我国在南极的地震观测任务，对服务国家安全、推动极地地震观测科学发展、提升我国极地观测和科学研究的国际地位具有重要意义。

# 4.“鹞鹰”Ⅱ察打一体无人机首飞成功

⊙胡　喆

**新华社北京 2018 年 7 月 5 日电（记者　胡喆）**记者从中国航空工业集团有限公司获悉，近日，由航空工业自主研制的“鹞鹰”Ⅱ察打一体无人机首飞成功，为航空工业无人机家族再添新成员。“鹞鹰”Ⅱ无人机系统是航空工业针对市场前景和国外用户需求，在现有中高空长航时侦察型无人机基础上发展的一型中高空、低速、长航时无人机系统。

根据航空工业官方发布的信息显示，“鹞鹰”Ⅱ无人机系统采用轮式起降、全过程自动控制、视距链路、组合导航等技术。具备光电图像侦察和监视、雷达图像侦察、通信信号侦测等多种用途和能力，具有操作方便、可靠性高、维护保障性好和寿命长等特点，能适应多种任务需求，是一型较为成熟的无人机系统。

参研人员介绍，“鹞鹰”Ⅱ无人机系统可以为消防、救灾、航拍、石油管线、森林防火和土地资源勘测等提供实时的图像和监测信息。

# 5. 我国成功发射第四十二、四十三颗北斗导航卫星

⊙樊永强　杨欣

**新华社西昌 2018 年 11 月 19 日电（记者 樊永强 杨欣）**19 日 2 时 7 分，我国在西昌卫星发射中心用长征三号乙运载火箭（及远征一号上面级），以“一箭双星”方式成功发射第四十二、四十三颗北斗导航卫星，这两颗卫星属于中圆地球轨道卫星，是我国北斗三号系统第十八、十九颗组网卫星。

卫星经过 3 个多小时的飞行后顺利进入预定轨道，后续将进行在轨测试，并与此前发射的十七颗北斗三号导航卫星进行组网联调。

此次成功发射，标志着我国北斗三号基本系统星座部署圆满完成，后续将开展系统联调和性能指标评估，计划年底前开通运行，向“一带一路”国家和地区提供基本导航服务，迈出从区域走向全球的“关键一步”。

## 单元学习任务

### 任务一

请认真阅读《我军第一代女导弹操作号手亮剑高原》《中国女药学家屠呦呦获诺贝尔奖》两则消息，从中选择你最喜欢的一则，梳理新闻结构，把握新闻要素，掌握新闻事实。

| 新闻结构 | 内容 | 新闻要素 | 内容 |
|---|---|---|---|
| | | 何人 | |
| 标题 | | 何事 | |
| 导语 | | 何时 | |
| 主体 | | 何地 | |
| 背景 | | 何故 | |
| 结语 | | 如何 | |

### 任务二

新闻语言注重准确性和客观性，作者的情感与思考往往隐含于字里行间。请认真阅读《新一代南极长城站地震台完成改建并已开始运行》《“鹞鹰”Ⅱ察打一体无人机首飞成功》两则消息，以“作者的情感倾向”为研讨专题，以组为单位，结合读书摘记卡，简要分析消息语言在情感表达上的特点。

| 文章 | |
|---|---|
| 新闻事件 | |
| 作者情感 | |
| 具体语句 | |

## 任务三

读完本单元的文章后，学校以“如何阅读消息”为话题组织经验交流活动，请结合《我国成功发射第四十二、四十三颗北斗导航卫星》中的相关内容，设计交流内容并制作PPT。

# 特写万花筒

你知道“特写镜头”是什么吗？它也出现在新闻里！新闻特写是对新闻事件、人物活动和场景中最能反映人和事的本质和特点的某个细节或片段，做细致描绘和再现的报道形式。它摄取新闻事实中最富有特征和表现力的片段，通过多种表现手法着力刻画，强化视觉和情感体验，使文字呈现的画面更为立体，从而更集中、突出地表现新闻事实和主题。其特点是能生动而集中地再现场景与人物。

阅读本单元的文章，品味新闻特写既真实准确又生动形象的语言特点，感受作者在报道中的情感倾向。通过拓展阅读，培养自己快速阅读新闻特写的能力。

# 1.“零”的突破

⊙高殿民

**新华社洛杉矶1984年7月29日电（记者 高殿民）**时间：一九八四年七月二十九日中午十一时十分（美国西部时间）。

点明时间，凸显新闻的时效性。结合文中语句，说说其他的新闻要素是如何体现的。

地点：洛杉矶东部的普拉多射击场。

男子自选手枪比赛结束了，许多外国运动员和裁判员涌向许海峰，争先恐后地同他握手。在场的一些中国运动员和教练员眼里也噙着泪花。

这是一个令人难忘的时刻。十亿人口的东方大国，终于在参加奥运会比赛的历史上获得了第一枚金牌！它也是本届奥运会的第一枚金牌。无疑，这是一个具有重大意义的突破。

男子自选手枪比赛是上午九时开始的。晴朗的天气似乎也在为射击健儿助兴。观众一清早就开车来到这里，挤满了射击馆。

通篇表现新闻要素中的“如何”，这是新闻特写的重要特征。勾画文中详细介绍“如何”的语句，说说作者是用哪些写作手法让读者产生“如在眼前”之感的。

许海峰虽然只是第三次参加国际比赛，但在众多强手面前显得非常镇定。这位身穿红色运动上衣的神枪手一上阵，第一组十发子弹就打了九十七环，随后又接连打了一个九十七环和九十三环。敏感的记者们开始把摄像机的镜头对准了他，观众也不约而同地涌到四十号靶位的后面。人群中不时有人小声念着“许海峰”，以至裁判员不得不多次出示“安静”的牌子。

男子自选手枪比赛，靶位距运动员五十米远，六十发子弹要在两个半小时内分六组打完。许海峰打完前三组之后，一看时间还早，索性坐下来休息了。

显然，在这四年一度的奥运会上，哪个国家不派最好的选手呢？许海峰的主要对手是年近五十的老将、慕尼黑奥运会和世界锦标赛金牌获得者斯卡纳切尔。这位身高一米八三的瑞典老将已是第四次参加奥运会比赛了。他打完三组，成绩比许海峰仅差三环。

许海峰稍事休息后，又继续瞄准，并且还放慢了速度。第四组他打了九十三环，而斯卡纳切尔打了九十六环，两人的成绩相同了。比赛到了关键的时刻。但是许海峰冷静沉着。他那老成持重的性格在这时显露了出来。只见他不时做空靶试射，不到自己认为有充分把握时不扣扳机。第五组，九十五环。

描写是新闻特写的主要表现手法。此处运用动作描写，写出了许海峰的沉着冷静。

只剩最后十发子弹了。比赛已进行了一个多小时。长久的站立使他几乎是精疲力竭。他接连打出了两个八环，但他并不气馁。他又坐了下来，活动活动腿，然后，连打两个九环，又连打两个十环，最后以九环结束比赛。成绩是五百六十六环。

五百六十六环！许海峰以比瑞典名将多一环的成绩居于三十七个国家和地区的五十六名运动员的首位，夺得了意义非常的冠军。

一个叹号，写出许海峰成绩之骄人，暗含着作者的赞叹之情。

场上顿时活跃起来，人们在主裁判多次出示的“安静”牌面前不住地欢呼，向许海峰表示祝贺。他背后的记录员、五十多岁的美国人乔治·莱米尔也走向前去，将现场的记分牌放在胸前，同这位金牌获得者合影留念。

前来观看比赛的中国代表团副团长陈先紧紧拥抱住这位神枪手，激动得掉下了眼泪。国际奥委会主席萨马兰奇赶到射击场，将第

新闻特写强调真实性，这是它的新闻特质。找找看，文中哪些地方还体现了新闻特写的真实性。

二十三届奥运会的第一枚金光闪闪的金牌挂在许海峰的胸前。

萨马兰奇通过陈先副团长向中国人民表示祝贺。他说，今天是中国体育最伟大的一天。我很荣幸地在奥运会的第一天把第一枚金牌发给中国选手。

作者的情感倾向和态度，渗透在客观的叙述中。

在庄严的中国国歌旋律声中，五星红旗升起来了！

这是多么光荣的时刻！陈先说，这意味着五十多年来“零”的真正突破，也是具有历史意义的突破。

**学习提示**

1984 年 7 月 29 日，第二十三届奥运会开幕的第一天，洛杉矶奥运会男子手枪 60 发慢射赛场上，中国选手许海峰以 566 环的成绩力克群雄，实现了中国奥运金牌“零”的突破。这篇特写通过对新闻现场场景、过程、人物行为的精细描述，将读者带入现场，再通过气氛烘托、拉伸时空距离等方式，敲击出只能意会不能言传的历史回响。

情感是文字的生命。这篇特写行文运笔饱含深情，多处场面描写情景交融，具有极强的感染力。请结合具体语句，体会新闻特写的这一特点。

# 2. 梦碎雅典

⊙杨明　马小林

**新华社雅典 1997 年 8 月 3 日电（记者杨明 马小林）**奥蒂又输了，这次依然输给了“坏运气”。

这位 37 岁的牙买加老将具备夺取世界女子百米冠军的实力已达 17 年之久，但好运却从未降临到她的头上。当奥蒂今晚闪着泪花走出第六届世界田径锦标赛赛场时，她追求了一生的梦想化作了一场噩梦。

奥蒂已经赢得过 20 多枚世界大赛百米的银牌和铜牌，参加过 5 次世界锦标赛、4 届奥运会，但还从没有赢得过一次百米冠军。可以说，没有任何一个女子田径选手能在 37 岁“高龄”依然在世界赛场上奔跑，也没有任何一个世界名将比奥蒂遭遇到更多的莫名其妙的不幸。

第三段的背景材料概述了奥蒂的主要经历，作用是辅助读者阅读。

第四段的背景材料则对文章的主题起着支撑作用。

这次大赛前，她以 10 秒 96 的成绩排名今年世界第三。美国的奥运会冠军德弗斯和世界冠军托伦斯因故不能参加本届的百米赛，这“天赏之赐”给了奥蒂一次绝好、也是最后一次竞争世界“短跑女皇”的机会。

经过三轮出色的表现，奥蒂最终站到了决赛起跑线前，观众送给她的激励掌声超过了所有其他选手。她太珍惜这次机会了，这将是她人生最关键的一次搏击，就像剑手要积蓄其全部功力于一击。

“奥蒂蹲下了，全场静默着”“发令员举起手臂”，这些短句的组合，宛如一个个镜头组接成的电影序幕。

奥蒂蹲下了，全场静默着。发令员举起手臂。反常的两声枪响表明有人抢跑。所有人跑出后都停下来，唯独奥蒂没有听出是犯规的枪声。这对于比赛经验最丰富的她来说，真是不可思议。

起跑通常不好的奥蒂这次“启动”完美至极。她像旋风般掠过跑道，人们惊呆了。夜色中，孤独的奥蒂如黑色的闪电射向终点，转瞬之间，她已经跑过 80 米！

在全场的惊呼声中，奥蒂停了下来，她意识到发生了“可怕”的事情。此时，全场再次静默得反常。在这片静默之中，奥蒂转身，面无表情地朝起点慢慢地一步一步走着……

奥蒂，为什么总是不幸的奥蒂！人们想起在 1993 年的世界锦标赛百米决赛中，奥蒂和美国的德弗斯同时撞线，成绩虽然都是 10 秒 82，但金牌却莫名其妙地判给了对手。站在银牌领奖台上，奥蒂的那双泪眼给世界留下了难忘的印象。

历史居然惊人地再一次重演！ 1996 年奥运会百米决赛上，奥蒂又一次在同样的情形下输给了德弗斯，又一次成为无可奈何的“伴娘”，让世界唏嘘不已。

去年底，奥蒂曾决定退役。捧着一大堆银牌和铜牌，心怀不甘的她宣布改行当时装设计师。当时，世界上所有的体育爱好者都将深深的敬意，献给这位不是世界百米冠军的“女皇”。

背景材料叙述了她曾经做出的退役决定，看似闲笔，实际上起到了转折的作用。它把读者的目光由对奥蒂的同情引向了对奥蒂永不放弃精神的敬意上来，为最后一段升华主题做了铺垫。

现在，奥蒂那两条修长的腿沉重地走着，分明是一步一个坎坷，一步一个艰辛，那条跑道浓缩了她 20 多年的运动生涯和一个未能如愿的梦。数万观众以静默表示着他们深深的同情。

出乎所有人的意料，奥蒂没有沮丧，没

有发脾气。她的脸上是坚毅的神情。

起点前，奥蒂再一次蹲下，再一次使出毕生的气力去拼搏，但结局是大家可以预料的（仅获第七名）。

奥蒂以永不向厄运低头的勇气证明了什么是奥林匹克精神。她的世界百米冠军梦虽然没有实现，但在世人心中，奥蒂何尝不英雄？！

**学习提示**

本文是一篇人物特写。作者抓住奥蒂失败的几个瞬间，再现了当时的情景，表达了对奥蒂的同情和敬佩之情。

美联社著名记者休·马利根曾说：“把大量的细节加以巧妙的运用，就可以写出可读的新闻。生动的细节可以使纸面上的文章留在人们的心灵上，渗透到人们的情感中。”细节是特写的活力所在，新闻特写中一些精彩的细节，能在细微之处见精神，再现新闻事实场景，深化主题，打动读者。阅读时要关注文中的典型事实和细节描写，体会它们在文中的作用。

# 1. 南极西冰架的冰山与动物世界

⊙刘诗平

“雪龙”号极地考察船15日5时10分航行到东南极的西冰架，一个冰山列阵和动物群集的世界出现在中国第35次南极科考队队员的眼前。

南极洲除了罗斯冰架、菲尔希纳冰架和埃默里冰架三大冰架之外，还有众多冰架散落延伸在南大洋上，作为南极第九大冰架的西冰架便是其中一个。

“雪龙”号14日从中山站接上昆仑站、泰山站和中山站度夏队员后起航回国，途经首个重点区域便是西冰架。“雪龙”号一进入西冰架，就见一堵“高墙”出现在船的右前方，一眼望不到头。“高墙”之后，便是犹如广阔平原一般的冰架。

南极大陆平均海拔高达2350米，95%以上的面积常年被冰雪覆盖。受重力驱使，冰体缓缓流入大海，扩展形成冰架。

西冰架前的海面上，漂浮着一座又一座的冰山，这些冰山是随着大海波浪冲击而从冰架上断落的。巨大的冰山基本为平顶冰山，依然保持着从冰架上断落时的形状，小的冰山则在风吹浪打中逐渐破碎，成为众多企鹅和海豹休憩的场所。

“雪龙”号经过这里时，太阳照耀，天气晴好，海面平展如镜。不时有鲸鱼到水面上喷水，企鹅跳下或爬上冰山，更多的企鹅和海豹则待在小冰山上。从“雪龙”号上眺望，不远处漂浮着的一座座冰山，就像一艘艘搭载着企鹅和海豹的小船，悠悠地行驶在大海中。

由于南极已过夏季，海面上不时可见像初生荷叶一样的新冰，它们在阳光照耀下晶莹剔透。海面上，一些信天翁和雪海燕在飞翔。从众多鸟类、鲸鱼、海豹及企鹅群集可以看出，这片海生物丰富。

“一般来说，冰架处于平衡状态。然而，随着近年来全球气候变暖，气温升高，在海水和大气共同作用下，冰架减薄，崩解加剧，致使原来的平衡系统有被打破的危险。一旦冰架发生灾难性崩塌，眼前的景象无疑将会是另一番模样。”中国第 35 次南极科考队领队孙波说。

“雪龙”号于 15 日 8 时 40 分驶离西冰架，向素有“咆哮西风带”之称的南纬 60° 驶去，美丽冰山与动物世界渐渐隐没在无涯的大海之中。

## 2. 怒放啊，开山岛上那抹最耀眼的红……

⊙杨绍功

**新华社南京2018年10月1日电（记者 杨绍功）**10月1日，清晨，5点50分，黄海前哨开山岛。

朝霞映红了海面，浪潮海天涌来，拍打着岛岸礁石。

“1—2—1，1—2—1……”56岁的王仕花带着3名守岛民兵，迎着晨曦，肩扛国旗，向山顶的升旗台走去。

“咚，咚，咚，咚……”4人脚踏台阶，步调整齐，铿锵有力；3段陡坡、4个平台、58级台阶……一路登台爬坡，每一步透着神圣庄严。

5点58分，太阳露出海面。3名民兵在升旗台前列队敬礼，王仕花捧起挂好的国旗，将旗尾用力甩向空中，紧接着摇起了旗杆上的握把。

国旗升起来了，一抹鲜红，开山岛上那抹最耀眼的红，融入灿烂的阳光里。阳光洒在开山岛上，绿树、鲜花、青草……一切仿佛瞬间苏醒，显出艳丽夺目的色彩。

仅有两个足球场大小的开山岛，距离江苏连云港灌云县海岸 12 海里，是祖国海防的战略要地。今年 7 月 27 日，全国“时代楷模”、守岛 32 年的民兵王继才在岛上值守时突发疾病去世，被江苏省人民政府评为烈士。

今年国庆这天，是王继才去世后的第 66 天，在他倒下的地方，妻子王仕花和新来的民兵们仍在坚守。

这是王仕花在岛上第 33 次国庆日升旗。前 32 次都是王继才升旗，她向国旗敬礼。每年，开山岛的国庆日升旗朴素而庄重。这样的重大节日，他们都要换一面新国旗。守岛 32 年，王继才和王仕花共换过 200 多面国旗。

“王仕花哎，起来了，升国旗了！”过去，每个清晨，这对守岛夫妻起床后第一件事，就是要把国旗升起来。

现在，老王走了，王仕花决心带着年轻人接着把岛守好，首先就是把旗升好。“开山岛虽小，也是中国的神圣领土。国旗升起来，证明这里有人守护，外人就不敢来侵犯！”王仕花用王继才的话来说明升旗的意义。

今年国庆，王仕花和新民兵又特意换了一面崭新的国旗。新国旗迎着新一天的太阳，带来了新气象。

28 岁的袁洋、40 岁的刘文金、46 岁的李爱洲，是从灌云县 512 名报名者中挑选出的首批守岛志愿者。三人都有过当兵经历，对国旗有着同样特殊的感情。

他们说，要像王继才一样尽职尽责，让国旗在开山岛上永远飘扬。

“人离不开阳光，小岛离不开国旗。升起了国旗，小岛就有了颜色。”王继才曾经这样解释国旗的意义。红旗下绿意盎然的开山岛，正是他用青春生命点染出来的颜色。

目前，开山岛已经成为江苏省爱国主义教育基地。国庆节这天，到岛上来瞻仰学习的人络绎不绝。许多人说：“远远看着国旗，就知道开山岛到了。”

### 新闻特写的种类

新闻特写的种类有：人物特写、场面特写、事件特写、景物特写、工作特写、杂记性特写等。

人物特写：再现新闻人物的某种行为或某个侧面，绘声绘色，有强烈动感。

场面特写：再现新闻事件中的某个（某些）精彩场面。

事件特写：摄取与再现重大事件中的关键性场面。

景物特写：再现具有特殊意义或有新闻价值的景物。

工作特写：再现某一生动的工作场面。

杂记性特写：再现各种具有特写价值的新闻现场。

## 3. 中国传统花灯点亮法国蔚蓝海岸

⊙唐　霁

**新华社法国尼斯 2019 年 11 月 29 日电（记者 唐霁）**法国南部港口城市尼斯因夜晚灯光璀璨被誉为“光之湾”。29 日晚启动的大型中国传统灯会让蔚蓝海岸边的这座城市更加光彩夺目。

当天入夜，随着尼斯市长克里斯蒂安·埃斯特罗西和一群法国孩子共同按下启动按钮，550 盏中国传统花灯瞬间点亮尼斯凤凰公园。早早在公园门外排起长队的人们如潮水般涌入。

凤凰公园是尼斯著名的动植物园，在这里展出的 50 多组展示中国风景、习俗和神话传说的大型景观灯组令人目不暇接。最引人注目的，是高 18 米的长城和兵马俑景观灯组，还有横卧在公园湖中的两条长约 50 米的巨龙灯。

作为中国非物质文化遗产，中国传统灯会历史悠久。此次展出的花灯皆来自中国著名“灯城”四川自贡，灯会将跨越圣诞节、新年、中国春节，于明年 2 月 23 日结束，成为点亮尼斯冬日的重要庆典。

为呈现传统的中国灯会氛围，参展花灯历经 6 个月的制作，漂洋过海 60 天来到法国，中国技术人员在凤凰公园花费了 40 多天安装。整个灯展共使用 7 万平方米丝绸、40 吨金属材料和 1.2 万个 LED 灯泡，使用的电线总长约 22 千米。灯会结束后，所有灯具都将被循环利用。

灯会上还举办了中国美食展和表演。参观人群挤在不同的表演区，观看傣族孔雀舞、川剧变脸、传统功夫等，孩子们排队买冰糖葫芦和糖人……

不少法国当地游客全家出动，欢声笑语，用手机、相机对着花灯拍个不停。生活在尼斯的奥德蕾女士一直耐心地给两个孩子讲解文化景观，她对新华社记者说："在尼斯，我从没见过这么宏大的中国灯展，色彩太丰富了，这和中国文化留给我的印象一样，明亮而多彩。你看，每一组灯都是一个中国文化故事，我一直在给孩子们念下面的注释，很有趣。"

来自瑞士的赛琳随旅行社到尼斯度假，她一边不停地用手机拍摄一边告诉记者："来之前以为中国灯笼只有红色的，没想到原来有这么多色彩。"

尼斯市长埃斯特罗西在接受记者采访时说，今年是法中建交 55 周年，尼斯一直致力于同中国加强文化交流，中国传统灯会将让法国人更深入了解、体验中国的传统节日。他说，继今年 8 月尼斯和北京开通直航后，尼斯和上海等地的直达航线也在酝酿之中。法中深化合作给尼斯的经济发展带来了巨大机会。

# 单元学习任务

## 任务一

请认真阅读《南极西冰架的冰山与动物世界》，借助思维导图梳理新闻事件、人物精神和作者立场。

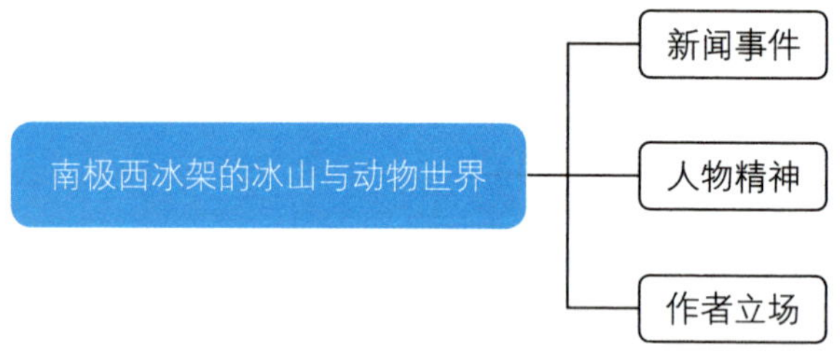


## 任务二

请认真阅读《怒放啊，开山岛上那抹最耀眼的红……》《中国传统花灯点亮法国蔚蓝海岸》两篇特写，选择其中一篇，改写成一则消息。

# 通讯面面观

高明的侦探都善于搜集与分析细节，对于细节的描述越翔实，其可信度越高。通讯正是这样一种常见的新闻体裁。它是对新闻事件、人物和各种见闻的比较详尽又生动的报道，也是一种常见的新闻体裁。相对于其他的新闻体裁，通讯的内容比较宽泛，不但可以交代新闻事实，而且可以讲述事件的来龙去脉，做更详尽、更深入的报道，甚至可以对人物、事件进行细致的刻画与描写。在表达方式的运用上，通讯以叙述、描写为主，可以灵活地穿插议论和抒情；在语言风格上，通讯的语言生动形象，富有文采。

阅读本单元的文章，要了解通讯的文体特征，认识通讯的社会价值；学会区分不同类型的通讯，把握其各自的语言特色；学习搜集资料，并能根据表达的需要和体裁的要求，对资料进行核实、筛选、提炼。同时，还要尝试写作通讯。

# 1. 沸腾了的北平城

## ——记人民解放军的北平入城式

⊙刘白羽

一九四九年二月三号，人民解放军举行了解放北平的入城仪式。装甲部队、炮兵、坦克部队、骑兵、步兵，一路从南面永定门入城，另一路由西北面西直门入城，会合之后向南走，由西长安街转和平门，向西出广安门。这浩浩荡荡的行列，从上午十点钟到下午四点钟，前头已经出了和平门，后头还在向永定门拥进。

标出本文中表示时间变化的词语，把握叙事顺序。

这天，从早晨起，人们就一群群一队队地向前门广场拥去。九点半钟，罗荣桓将军、聂荣臻将军、叶剑英将军等，出现在前门箭楼上。这时候，前门广场上，人民的行列成了海洋，各色各样、红的白的、猎猎飘动的旗帜，就像翻腾的海浪。人们高举着自己热爱的领袖毛主席和朱总司令的巨像。工人、学生、职员、教授，各式各样的人都来了。人们向前拥，向前挤。结彩的火车头开进了东车站，载着好几千平汉铁路工人，从远远的长辛店赶来。丰台的铁路员工也拥进了欢迎的行列。汽车厂、机械厂等九个工厂的工人，摘去了帽子上带有国民党党徽的帽花。一个燕京大学的学生说：“我三点半天没亮就起来了。”

十点钟，四颗照明弹升上天空，庄严隆重的入城式开始了。远远地从北面，从前门那边，黑压压的一片人迎上前来，前面一面欢迎大旗迎风飘舞；从南面，人民军队的头一辆带队的装甲车，摇着一面红色指挥旗，朝着欢迎的人群开过来，随后是四辆红色胜利卡车，满载着乐队，铜管乐器金光闪闪，吹奏着雄壮的进行曲。装甲车部队一条线似的接在后面。在珠市口一带，部队和欢迎的行列碰了头，欢迎的行列在左面，部队在右面，欢呼声像春雷一样地响起来。招手呀，呼喊呀！多少人激动得流下了眼泪。光荣呀！只有人民的军队才能得到这样的光荣！人群拥

通讯的特点之一，就是要有精彩的场面描写。精彩的场面描写，可以增强新闻的现场感，使读者如临其境。

上来了，他们跑进了解放军的行列里面，一下拥抱在一起，队伍都不好向前走了。欢迎的群众在装甲车上写："你们来了，我们很快乐！""真光明呀！""同志们！加油呀！彻底消灭国民党反动派呀！"队伍陆续向前门广场前进。

十二点钟，人群里响起了一片欢呼声，人民的英雄炮兵出现了。绿色道奇卡车牵引着战防炮、高射炮、化学迫击炮、美式十五生的榴弹炮、日本式十五生的榴弹炮、巨大的加农炮，一辆接着一辆。这里面有从辽西、从沈阳缴获的整个美国重炮团的装备。看啊！人民是多么喜爱自己的武器：一门巨大的榴弹炮上面，骑着一个北平的小孩子，他骄傲地高举着手里的旗子笑着过去了。十生的巨型加农炮的上面，一个胸前挂了奖章的英雄炮手，和一个穿绿衣服的邮政工人抱在一起。随后驶过的另一门大炮上站着五六个女学生。还有一个人站在炮座上招手高呼："解放军万岁！"箭楼上，检阅这一英雄行列的将军们，庄严而亲切地注视着每一辆炮车，注视着人民的狂欢。箭楼下，庆祝解放联合会的

事件通讯中的人物描写与人物通讯中的人物描写作用有何不同？

扩音车，领导着唱起："我们的队伍来了""我们的队伍来了"。数也数不尽的炮车，从欢呼的人们身边奔驰过去，两旁锣鼓喧天，人们扭起秧歌舞来，左面是清华，右面是燕京，他们唱呀，舞呀。

一点十分，突然谁发现了前门牌楼那边冒起了青烟，喊了声："我们的坦克来了！"一阵坦克轰隆隆的声音传了过来。第一辆坦克从远而近，一个青年学生挥着两只手，站在坦克的炮塔上，狂热地喊："万岁！万岁！"每辆坦克上飘着一面红旗。人群激起了一片欢呼，有的欢喜得流出泪来，也忘了擦了。戴着皮帽子的坦克手，从坦克塔里露出上身，向人们招手、微笑、敬礼。坦克部队后面是摩托化警卫部队，卡车上一色绿的钢盔，雪亮的刺刀。一位白发苍苍的老人，看得高兴，笑着喘了口气说："这口气可喘过来了！"另外一位说："我们老百姓有了这样强大的武装，任何反动派也不许他再欺负我们了。"

请你做批注：

这时候，"东方红，太阳升……"的歌声响彻了天空。远远看去，好像一片麦浪波动，近来一看，原来是戴着皮帽子的人民骑兵来了。人们叫呀，鼓掌呀，把五彩的纸旗都抛上了天空。的哒的哒的马蹄踏着柏油马路，那样整齐，那样雄壮，骑兵们手上的马刀闪着亮光。骑兵后面就是英雄的步兵。这时候，前导的军乐队一出现，人们的欢腾达到了顶点。英雄的部队一支从永定门进城，一支从西直门进城，一个是被敌人叫作“暴风雨式的军队”，一个是“塔山英雄部队”。在一九四六年冬天，他们在长白山下曾经并肩作战。这两支英雄部队从艰难到胜利，在这里得到人民的热爱、狂爱。战士们在千万道热爱的目光下前进。一个胸膛上挂了六个奖章的战斗英雄，被人们热烈地围着、拉着。一个女学生跑上去摸摸那块光荣的毛泽东奖章。这时，人们已经站了整整的一天，忘记了寒冷，忘记了饥饿，依恋地舍不得这些英雄。他们和行进的队伍汇合起来，高唱“我永远跟着你们前进”，向着一向是帝国主义禁地的东交民巷昂然走去。

请你做批注：

将近下午五点钟的时候，夕阳照进了广安门。在高大的城门前，无数人群欢送钢铁机械部队。在驶行了一整天的战车上、坦克上，飘动着无数的小红旗，战士们手上还捧着人民献给他们的一束束鲜花。这时天色渐渐黑下来了，可是整个北平还到处充满愉快的欢笑声。北平真正沸腾了。

**学习提示**

本文是一篇事件通讯，也是通讯中的经典作品。作者以流畅的笔法，报道了人民解放军 1949 年 2 月 3 日举行的解放北平的入城仪式，着重描绘了解放军入城队伍和夹道欢迎的人群在行进中出现的一个又一个的欢腾情景，生动地反映出北平人民渴望解放的心情和支持解放军解放全中国的坚强意志。

如果说消息是“报道新闻事件”，新闻特写是“描绘新闻事件”，那通讯的主要任务就是“讲述新闻故事”。阅读时，请关注新闻的六要素，了解人民解放军入城的来龙去脉。

## 2. 依依惜别的深情（节选）

⊙魏　巍

新闻的“新”不仅仅是事件的“新”，还包括语言的“新”。新鲜、活泼、生动、形象的语言是一篇优秀通讯必备的要素。

可是，在这些日子，在志愿军就要跟他们分手的日子，深深的离情却牵着他们的心。他们可以承担一个浩大的战争，可以承担重建家园的种种艰辛，可是却承担不了如此沉重的离情。志愿军也是这样。他们在远离祖国的八年中，时时想着祖国，念着祖国，可是，当他们一旦要离开这结下生死之谊的人民，却是无限地依恋。

本文是一篇事件通讯，在对离别朝鲜战场这件主体事件的介绍中，又组合了众多的小事。请用简短的语言概括本段叙述的这些小事件。

用什么来表达自己的心意呢，战士们又有什么呢，他们只有一双结着硬茧的手，一颗赤诚的心。在这离别以前的有限时刻里，我看见他们在日夜辛忙。人民军的战友们就要接防来了，他们把营房刷了一遍又一遍，就是墙上溅了几个泥点，也要重新刷过，就是一把水壶，也要把它擦亮。为了美化营地，他们简直成了传说中炼石补天的女神。他们从东山爬到西山，从北岭奔到南河，采来了红石、白石、黄石、绿石，还挖来了苔藓的青茸，给每座房舍的四围都镶了花边，给每座院心都修了花坛，说是花坛，实在是一幅幅绣在地上的彩画。这里有龙、凤、狮、虎，有白兔、彩蝶，有水中青莲，有雪地红梅，还有白云缭绕的天安门和牡丹峰。如果你走近细看，就更会看出战士们的苦心：他们是用手电泡涂了红漆，做成小白兔的眼睛；把瓶口切下来，镶上花瓷碗片，做成了蝴蝶翅上的花点；就是在那漱口池里，也砌了红日、雄鸡和“早晨好”的祝词。正像战士诗里说的“园地道路作锦绸，摆花好似坐绣楼”，这里的一花一叶，都渗透着战士们的汗水和深情！

此外，战士们还把最心爱的东西，留赠给人民军的战友，在每一座礼品室里，都袒出了他们的一颗颗红心。就是我这在部队多年的人，也从没有赏识过战士们这么多的机密。这些赠品，都是他们从来不舍得用，从

通讯写作可以叙述、描写、议论、抒情综合运笔，请从表达方式运用的角度赏析画线的句子。

来不拿给人看，一直藏在小包袱的最里层的，都是包藏多年，跟他们跋山涉水，在水里火里就是牺牲生命也不肯丢的。这次，因为要离开这块国土，为了最珍贵的友谊，他们的机密泄露了。这里有爱人分手时连夜做成的手帕，有一参军就背着的绣花袜底，有家传几代的瓷碗，有姐妹的绣花荷包，有洞房花烛之夜的合欢杯，还有未婚妻用红毛线织成的腰带。这些爱物，就是他们本人，也只是在没人的时候，才取出来看一下，接着又匆匆藏起，可是，今天他们拿出来了，而且用红纸题了诗句，摆在这里。有一双做得异常精美的绣花袜底，上面附着一首这样的诗：

妻子做袜千针线，临别赠我在江边，
爱情绵绵如江水，永远常流水不断。
此袜爱在我心间，藏在包内整四年，
转送战友表心意，两心相盼永相连。

这些动人心弦的赠礼，使得另一些战士们难煞了。战士胡明富等三个同志，决定亲手做绣花手绢给人民军。他们没有布，就扯了包袱皮，又找来颜料，染了几束彩线，染时还放了碱，让它永不褪色。杀敌勇士就这

“扯”“找”“染”“放”等动词的使用，增强了现场感。

样拿起了绣花针，变成了绣花姑娘。绣啊，绣啊，两条绣花手绢终于绣成了。他们还题了下面的诗：

粗手绣花夜更深，绣了一针又一针，

针针线线心相印，中朝友谊比海深。

在这有限的时刻里，战士们还多方寻思着，为当地的父老们尽一点力。他们思虑着：哪些溪涧在山洪到来时不好通过，就架起一座座石桥和板桥；哪些人家离河太远，就在散居的村舍边，挖下一口口水井；哪些水井靠近大路，又在水井上加了井盖。他们还挨家挨户去看，看谁家的房子漏雨，就苫上新草；谁家的灶台裂了缝，用灰泥把它抹好。他们还拾来美国的炸弹片，生起炉火，打成了镰刀，割下山藤编成筐篮，按照朝鲜式样做成活腿的小圆桌，然后把它分赠给朝鲜的阿爸基和阿妈妮。另一些心灵手巧的战士们，他们还为孩子们制作了小手枪、万花筒和滑冰用的小冰车；为年迈的老人雕制了龙头拐杖。当这些饱经沧桑的老人把拐杖接到手里，他们昏花的老眼涌出泪水，他们感慨活过了几个时代，从来没有见过这样的军队，这制

结合下文的事件，说说战士们为当地的父老们做了哪些事情，作者这样写有何作用。

作万花筒和龙头拐杖的军队！他们称颂着，中国共产党和毛主席教导得好，这些中国孩子的心，简直是金子一般的心，银子一般的心，水晶石一般晶莹玲珑的心！

这句话起到了怎样的表达作用？

在阳德郡日岩里，我看见战士们正急急忙忙赶修着一座朝鲜式样的房子。原来村里有一个驼背的孤苦的妇人，带着四个孩子，十年来没有一间住房，在这儿那儿借居着。这房子就是为她修的。战士们怀着深切的爱，把廊柱染成红的，还在飞檐下绘了鸟虫花卉，绘了两国人民并肩作战的彩画。直到出发前一天，他们才把房子刚刚烘干，用白纸裱好。搬家时热闹非常。部队出动了好几十名战士，有人端锅碗，有人抱坛罐，有人扛木头，有人背草袋，有人赶小猪，小猪吱吱叫着，锣鼓敲着，排成了一长队，热热闹闹，把这一家送进新居。接着，战士们手拉手，围着房子，围着这位朝鲜妈妈跳起舞来，朝鲜妈妈伏在战士肩上，倾流着自己的眼泪。这时候，她的老母亲也从阳德赶来了。这位头发斑白的老人，斟满一杯酒，捧到政委的唇边，说昨天晚上她做了一个梦。她说她梦见一条天

这一段通过一些生活细节，深刻细致地刻画了志愿军热爱朝鲜人民的崇高纯朴的心。其中穿插朝鲜的一个老妈妈关于天龙的梦境，更增添了文章的声色。

龙从天上下来了。这条天龙在空中悠悠冉冉，消失了，就听见一派乐声。乐声里，从四面八方涌来了不知道多少志愿军，向她的女儿走来，围着她的女儿跳舞，就像今天战士们围着她女儿跳舞的情景一样。她说，在梦境里，她的女儿用双手提起了裙子，志愿军就争着向她的怀里投着鲜花。那些花朵，看来很轻，可是一落下来，每一朵都沉甸甸的，把裙子都坠沉下来。……深情的人民啊，你对我们的军队作了多么美丽的歌颂！可以想见，人们要离开这样的一支军队，怎么会不深深地依恋！

可是，志愿军的行期，仍然是一天天地迫近了。朝鲜父老们，他们白天做活也安不下心去，夜里也不能安静睡眠。他们再三探问志愿军的行期，唯恐人们悄悄离开，一听见汽车声响，就要推开门窗来，张望一回。如果哪个战士到了他们家里，阿妈妮们就会端出一铜碗一铜碗的栗子，再不就从鸡窝里慌忙地抓出发热的鸡蛋，拿来敬客。他们还把熟识的战士请到家里，杀鸡，买酒，眼看着你吃到肚里，仿佛才能宽舒一下他们的离情。温井里有二十二个老妈妈，她们集了钱，

朝鲜的父老们为志愿军战士做了哪些事？请用简练的文字概括出来。

准备酒食，请了几十个战士去谈心。这一夜，她们向中国孩子们倾吐了自己的感情。有的说，你们走了，就像我掉了一扇膀子；有的说，你们走了，就像是吃饭时缺少了盐；有的说，要是背得动，妈妈要把你们背着送过鸭绿江！她们带着泪，把头上的银簪拔下来，把戴了几十年的结婚戒指取下来，把传留几代的跳舞时带在身上的小铜铃拿出来，塞向战士的怀里，戴在战士的手指上。她们还把菜一口一口夹到战士们的嘴里，有的人含着热泪咽下去了，有的人背过身去，把阿妈妮喂到嘴里的栗子又悄悄吐出来，用纸包好，小心地放在衣袋里，作为对朝鲜母亲终生不忘的纪念。战士们激动地说："如果美帝敢再动手，就是我活到八十岁，胡子三尺长，我也要带着儿孙们来抗美援朝！"

先用简洁的笔墨概括写事，然后将其中更动人的典型事例加以具体的描画。铺叙和抒情相结合，构成错落有致的结构美，增强文章的表现力。

朝鲜人民的深情厚意，就是这样叫人终生难忘。温井里有一个瞎老妈妈，自她的女儿被日本人抢走，她的一双眼睛，就被那年年月月的泪水沤瞎了。当二十几个战士去向她告别的时候，老妈妈动情地说："你们在这儿住了几年，我也没看见过你们的模样儿。

你们帮我修好了房子，我也看不见修房子的是谁。天哪，要是叫我的眼睛睁开，看你们一眼，就是立刻死了我也甘心！”她拍拍自己的心，又摸摸战士们的胸口：“孩子，我看不见你们，让我摸摸你们吧！”说过，她把二十几个战士从头到脚都摸了一遍。

在这惜别时刻，简直无一处不是友谊的诗，感人的诗。人们编成许多诗歌来赞颂这珍奇的友谊。在古阳德的枫林柴门中，住着一位满头白发的无名诗翁。我去访问了他。谈到志愿军的撤离，老人异常惋惜地叹了口气，拔笔写下几个汉字：“完似股肱，人民全部之言。”老人还递给我五六个自糊的白纸信封，信封上都写着“平安南道阳德郡东阳里七十八岁翁朴仁俊谨奉”的字样，打开来，都是赠给志愿军的送行诗章。其中有一首是：

还乡千里路，雁叫三月秋，

两国兄弟谊，苍江不尽流。

还有一首：

夜霜红深千林树，可作明朝欢送情，

戴白头髫车下满，连呼万岁动山城。

在这惜别时刻里，朝鲜人民对牺牲在这

叙述之中穿插抒情、议论，提升了新闻事件的社会意义，凸显了通讯的新闻性。

块国土上的中国人民志愿军烈士们，尤其怀有深深的感情。

在修建东阳里九龙江桥的时候，流送的木头常常被石头堵住，为了排除阻塞，年轻的蔡定琪，奋身跳进急流，不幸被卷进漩涡而牺牲了。这也许是志愿军牺牲在朝鲜的最后一人。他牺牲后，就葬埋在志愿军的烈士陵园。可是东阳里的人民，坚持要把他葬在东阳里，并且选择一块最好的向阳墓地，按照朝鲜仪式重新安葬。深情的人民啊，他们要东阳里的男女老幼，抬起头就能望见蔡定琪的坟墓，也让蔡定琪，能够望见他所献身的九龙江桥。志愿军答应了这个请求。移葬那天，东阳里的男男女女都参加了葬仪。下葬前本来是极好的天气，可是在下葬时，忽然间送来了一片乌云，下了一阵大雨，这时候，在墓地上空，现出了一弯美丽非凡的彩虹。下葬完了，彩虹又渐渐隐没。事后，在东阳里居民中，流传着一段神话式的解说，说这是中朝友谊感动了天地，所以才出现了这样美丽的彩虹。

穿插动人的故事，并和优美的想象结合起来，彩虹的传说使作品更富有民族色彩，引人入胜。

1958年11月7日晚

学习提示

《依依惜别的深情》是当代作家魏巍于1958年创作的一篇通讯。节选部分通过叙述典型事件，记录了中国人民志愿军同朝鲜人民依依惜别的情景，热情歌颂了中朝两国人民用鲜血凝成的伟大友谊。

读这篇文章，就像读一首感情浓郁的抒情诗，无论是综合运用的表达方式，错落变化的长短句，还是信手拈来的修辞手法，都能令读者在了解新闻事件的同时，感受到浓浓的惜别情。阅读时要结合具体语句，反复品味和体会。

# 1. 访“葡萄常”

⊙邓　拓

北京崇文门外花市大街有一条胡同，名叫下唐刀；胡同里住着一家姓常的手工艺人，外号“葡萄常”。

常家本是做料器玩具的家庭作坊，有一百年左右的历史，什么葫芦、果子都能做一些；而最拿手的是软枝的紫葡萄，做得像真的一样。“葡萄常”的名声就由此而来。

守着家传的特种手工艺的技巧，常家的姑侄姊妹们竟然都不出嫁。她们几十年来凭着自己灵巧的双手，辛勤的劳动，度着清寒的岁月；直到白发催走了青春，她们也不后悔。

现在，“葡萄常”的主持人常桂禄是六十岁的老姑姑，耳朵已经聋了，身体却很健壮。她说话时洪亮的声音和大踏步走路的姿态，使人自然而然地会想象到当年这位蒙古族的姑娘是多么倔强而豪爽。她有姊妹各一人。姊姊常桂福说话的声音也和男人差不多，举止动作完全摆脱了女子的模样。虽然今年已经六十二岁了，她却还照旧参加劳动。妹妹常桂寿，五十六岁，在三个老姊妹中间，要算她是最精明能干的了。她的风度和两位姊妹有很大不同，这只要看她那瘦长的身材和有时在脸上泛起的红晕就可以知道。她们有两个侄女：常玉清五十岁，作风有点像她那位大姑常桂福；常玉龄四十五岁，举动和谈吐同她的二姑常桂禄十分相像。这五个姑侄姊妹把手工技巧看得比什么都重要，做成一串串的葡萄比那园子里新摘下来的也差不多，深紫色的薄皮上覆着一层轻霜，柔软的枝干衬着几片绿叶，叫人望见它们嘴里就有酸甜的感觉。这些葡萄受到广大人民的称赞实在不是偶然的，这是常家姑侄姊妹的血汗和眼泪的结晶。

老辈子的生活像梦一样地消逝了，然而，这几位姑侄姊妹每次谈起来总还是历历如在眼前。她们几十年来相依为命，从旧时代黑暗的牢笼中走出来，一步步踏上了真正的解放之路。时常使她们感动的今昔生活的鲜明对比，怎么能叫她们忘怀呢？

“谁能想到我们以往的日子怎么过的！”当我问到常家过去的生活状况的时候，常桂禄感叹起来了。她们姑侄姊妹们围坐在中堂，你一句我一句地诉说着两代相传的往事。

那是清朝咸丰初年，太平军到了南京，全国震动，清朝政府加紧压迫和勒索，闹得在旗的下层人民也都不能生活了。常桂禄的父亲常在，从正蓝旗的蒙古营里搬出来，就开始做料器玩具，自做自卖，维持家计。有一年灯节，西太后派人搜罗各种手工艺品，在旗的人都知道常在的手艺高，就叫他往宫里送东西。据说西太后看他做的料器好，赏了他一个字号，叫“天义常”。后来常在去世，他的两个儿子，蒙古名是扎伦布和伊罕布，继续操这手艺。

伊罕布做活最辛勤，有一次他的作品参加了巴拿马赛会，得了奖状。可是，在那些时候，手工艺人总是受轻视的。伊罕布身体很弱，生活又苦，只四十九岁就死了。他的妻子现年七十二岁，随着常桂禄姊妹们过日子，也参加劳动。他的女儿常玉龄从小就跟着她的姑姑们学会了一手好工艺。

不久，扎伦布也死了。他的女儿常玉清也随着常桂禄姊妹们过活。他的儿子有的早死，有的出家了，留下三个孙子。从此常桂禄姊妹们就挑起了全部生活的重担。

“伊罕布和扎伦布去世以后，百事只好都由我们姊妹承当。”常桂禄谈起后来的生活，声音越来越低，有时就停住了。

她们过去生活中最痛苦的期间，是在日伪和国民党反动统治下的十二个年头。常家的手艺再好也经受不了那些苛捐杂税、额外勒索和其他种种的摧残。她们抱头痛哭了一场，终于含着眼泪，丢开家传的手艺，去烤白薯、炸油饼，充当卖零食的小摊贩。常桂禄说到当时的情景，脸色变得阴沉沉的，身上好像在打战。

全国的解放，首先使她们感受到的最重大的实际意义，就在于她们的家庭特种手工艺的恢复和发展。1952 年在北京天坛举行的物资交流大会，也正是“葡萄常”姑侄姊妹扬眉吐气的新时期的开始。她们所做的葡萄在国内外的销路都打开了。人们称赞常家的手艺是“巧夺天工”，争先向常桂禄要求订货。

“我这二姊七岁就能做活，如今我们就把她的名字常桂禄作我们的字号。”常桂寿插进一段话，特别夸奖她的姊姊。果然，在印好的招贴纸和卡片上，我看见都是常桂禄的名字。原来她们从小没有机会读书，家庭的环境又封建又迷信。常桂福年轻的时候没有出嫁，到了三十六岁的那一年索性就当了尼姑。常桂禄、常桂寿看见姊姊不出嫁，当然也就作同样的打算，还有两个侄女受了姑姑的影响，也都下定了不出嫁的决心。当尼姑的既然不便主持家计，于是常桂禄就不能不做一家之主了。

这使我不禁联想到中国历代手工业者用一切方法保守技术秘密的许多悲剧，我疑心这个悲剧在常家一直演到如今还没有终场。

“你们不出嫁不是为了保守家传手工艺的秘密吗？”我问。

“不是的。我们爱自在，才不想出嫁。”常桂寿很机智地抢先替她的姊姊做了这样的解释。她那瘦长的满是皱纹的脸上忽然又泛起了一层红晕。

“您怎么想当尼姑去了？”我转过来向着常桂福发问。

“我早年喜欢尼姑……”她似乎早就准备好了一句答话，而临时又有所踌躇。

恐怕这样的对话多少会刺激她们，我赶快换了话题，继续谈论她们现在的生活和生产的情形。

去年（1955 年）11 月间北京手工业合作化运动还没有开始的时候，我看见常家这几位姑侄姊妹的劳动条件还不够好。在手工业合作化运动中，我又听说常桂禄有一些顾虑。她害怕合作化以后要取消老字号，要集中到合作社去跟别人一起劳动；她觉得一百年来的家底就要完了，心里难过。但是，事实并不是这样。她们的老字号仍然照旧，也没有集中到合作社去，劳动条件却有很大的改善，外边的订货增加了一倍多，生产规模随着扩大了。一种欣欣向荣的好光景出现在她们的面前。当我这次再来访问的时候，她们一见面都笑逐颜开，同声称赞合作化是再好不过的，并且表示愿意顺着这条道儿走到底。她们说："北京解放是我们手工艺人的头一次解放，合作化是我们的又一次解放。"

我问了常家合作化前后的营业状况，可以看出来，区的领导机关对她们的特殊情况照顾得十分周到；她们在合作化的过程中相当如意，并且生产发展得很快。合作化以前她们每月平均流水是人民币八百元至九百元。合作化以后，今年2月份的流水就增加到一千二百元，最近的一个月增加到二千五百九十元。除了原材料、工资、税收等项支出以外，每月可以获得纯利百分之十五。她们五个姑侄姊妹，加上常桂禄的嫂嫂一共六个人，每人又都评定了工资，每月各七十元到八十元不等。为了扩大生产和提高劳动效率，区里帮助她们从通县调来了两个烧玻璃球的"点炉工"，还招收了四个女徒弟。

常桂禄总结合作化的好处是：一、原料不缺；二、周转方便；三、税率减轻；四、技术提高；五、销路扩大。现在她们的产品远销外国，供不应求。有的订货单一次就要五万枝葡萄，使他们又喜又愁。喜的是营业发展非常快，愁的是手工生产赶不上。这是新的矛盾。她们已经进一步认识到，只有推广技术，扩大生产，更加紧密地依靠合作社，才能够消解这个矛盾。

离开常家的时候，我由衷地祝福她们，并且用“画堂春”的调子写了一首词送给她们：

常家两代守清寒，
百年绝艺相传。
葡萄色紫损红颜，
旧梦如烟！

合作别开生面，
人工巧胜天然；
从今技术任参观，
比个媸妍。

她们送出门来，临别时诚恳地表示，希望首都的美术家帮助她们，把她们所做的软枝葡萄的特点，用新的技术设计方法固定下来，并且使她们的手工技巧有更进一步的提高。

# 2. 一位突尼斯机修工的“逆袭”

⊙刘　锴

“中水电公司是我的母亲，没有它，就没有今天的我。”坐在突尼斯首都郊外一座休闲俱乐部的二层平台上，洛夫提·拉贾米告诉记者，眼神里透着真诚。

这座“森林俱乐部”是洛夫提名下产业之一，占地超过两万平方米，设有足球场、篮球场、网球场、赛马场、游泳池等设施，不久前刚开业。

按照洛夫提的说法，俱乐部从设计到装饰，全由他一手操办。坐在二楼观景平台上，看着场内顾客在享受运动快乐，洛夫提的成就感写在脸上。

“你相信吗，26 年前，我只是一名机修工，在工地上给中水电修车。”谈及奋斗经历，洛夫提自豪又感慨，语调不自觉提高。

当时，18 岁的洛夫提跟父亲学习机修手艺，正巧赶上附近中水电工地招工，就此开始命运翻转。

“中国师傅们的技术水平很高。我就从每个人那里都学一些，再自己琢磨领会，徒弟渐渐就比老师强了。”洛夫提笑着说，中国师傅们教会他很多工程计算方法，这为他今后开创事业打下基础。

工程结束后，工地有四辆废旧卡车要处理，洛夫提看准机会以低价购入，翻修后再转手售出。为了购车，他从银行贷了一大笔钱，而这笔买卖也让他挣到 6 万多美元。

20 世纪 90 年代初，突尼斯经济快速发展，一批基础设施建设项目上马，工程承包行业相当兴旺。洛夫提利用“第一桶金”再投资，从二手车运输队开始，生意逐步扩大，如今涉及房地产开发、市政工程、汽车贸易、广告公司等。他正打算再投资建设一座包含十多栋别墅的度假村。

2015 年，洛夫提与中水电合作竞标成功，在突尼斯西部共同承建一座大型水坝。再度联手中水电，洛夫提的身份由“机修工”转变为“合伙人”。

中水电十五局突尼斯项目部总经理薛明星说，这座水坝主要用于防洪和灌溉，总投资超过 9000 万美元。中水电与洛夫提旗下工程公司组建联营体，共同承担建设任务。

薛明星说，洛夫提是中水电的老朋友，选择合作伙伴时首选就是他。“我们乐于看到更多像洛夫提一样的突尼斯员工。他们成长、成功，我们也很自豪。”

“很多朋友都叫我‘中国人洛夫提’，”他笑起来，“首先是因为我长期跟中国人打交道，而更重要的是，我像中国人一样踏实努力。”

尽管身家不菲，“白手起家”的洛夫提仍保持朴实作风，穿着休闲衬衫，牛仔裤的口袋边和裤脚都已磨毛。

谈及中国企业拓展海外市场，洛夫提认为，中方技术水平一流，有资金和政策保障，竞争优势明显。

“中国企业参与海外竞争，对当地企业也是机会，因为中方会带来资金和项目，也因而创造更多就业岗位，”他笑着说，“比如，没有中水电，就没有今天的洛夫提。”

对于中国提出的“一带一路”倡议，洛夫提期待能有具体合作项目在突尼斯落地开花，给当地带来更多机会和活力。“突尼斯经济需要外国资本刺激，中国显然是受欢迎的朋友。”

根据中国驻突尼斯大使馆提供的数据，2016 年中突两国贸易总额达 14.4 亿美元，其中中国向突尼斯出口额为 13 亿美元，同比增加 4.6%。中国出口商品中，除工程机械和机电设备外，家用电器、日用百货和服装鞋帽占较大比重。

洛夫提多次到过中国，认为中突间商品贸易、特别是高端商贸潜力巨大。“中国有质量一流的产品，价格也比欧洲产品便宜，在突尼斯会很受欢迎。”

# 3. 世界选择北京

## ——写在北京申奥成功之际

⊙王军　刘江

“北京成功了！”

“我们赢了！”

北京时间 2001 年 7 月 13 日 22 时 08 分，新华社赴莫斯科记者发来急电：2008 年奥林匹克盛会选择了北京。

瑞士奥委会主席沃·卡奇当即向北京奥申委表示祝贺：“现在应该是北京举办奥运会的时候了。”加拿大体育部长丹尼斯·库珀说：“结果就是结果，今天北京很幸运。”

这是世界对北京的选择。

天安门广场，人潮欢涌，其情撼地震天；中华世纪坛，鼓乐高亢，其势排山倒海。

### 曾经的坎坷化作今夜的辉煌

让时光倒流。

1993 年 9 月 23 日，北京仅以两票之差与 2000 年奥运会失之交臂！当中国在悉尼奥运会上以金牌总数第三实现历史性突破的时候，当中国的综合国力一步步增强、人们的奥运情结越来越浓烈的时候，8 年前的这一幕，仍如此真切地扰动着人们的心绪。

曾经的坎坷，已积淀成神圣而执着的理性……

让时光倒流。

1894 年，国际奥委会成立。1896 年，第一届奥运会的圣火在希腊雅典燃烧。此前，国际奥委会的一封邀请函寄至清政府，可正值中国甲午战败，被迫签订丧权辱国的《马关条约》，清朝统治者哪还有暇顾及奥运！

1915 年，国际奥委会又一次发来邀请。然而，由于第一次世界大战及国内的护法战争，中国又一次与国际奥林匹克运动擦肩而过。

1908 年，《天津青年》首次提出：中国何时能派一名运动员参加奥运会？中国何时能派一支代表队参加奥运会？中国何时能自己举办一届奥运会？

这一声声呼喊，在那个中国人被蔑称为“东亚病夫”的年代，是如此的悲壮与高昂。

这一切，使今夜的喜悦变得凝重……

让时光倒流。

1928 年，荷兰阿姆斯特丹奥运会。看台上的中国全国体育协进会干事宋如海百感交集，反复用英语吟诵“奥林匹亚”，忽然喊出一句中国话：“我能比呀！”

后来，他将奥林匹克运动会音译为“我能比呀”。

代表中国实现“我能比”这个愿望的，是1932年的东北大学学生刘长春。

在爱国将领张学良的资助下，他只身在海上漂泊21天到达洛杉矶。

疲惫不堪的刘长春在男子100米预赛中，一路领先70米后，脚步明显吃力，最终被淘汰。

1936年柏林奥运会，进入撑竿跳高决赛的中国运动员符保卢，竟买不起比赛用杆；1948年伦敦奥运会，中国代表团是参赛团中唯一住不起奥运村的。

这不堪回首的一页，已被我们翻过。

昨日的悲歌，只会使今天这不眠的狂欢，更加酣畅淋漓！

## “坚定不移地走向世界”

从鸦片战争到中国共产党成立，从1921年至今，中国经历了截然不同的两个80年。

前80年，积贫积弱，民不聊生；后80年，中国人民在中国共产党领导下，从最悲惨的境遇走上光明的道路。

1979年，中国在国际奥委会的合法席位得到公正、圆满的解决。

1984年7月29日，洛杉矶奥运会。许海峰一声枪响，中国奥运金牌“零”的纪录成为历史！

在这个曾经苦难深重的国家，人民的爱国之情、强国之梦与体育是如此密不可分。

不能忘记，20世纪80年代，女排精神给人们带来的巨大鼓舞。“团结起来，振兴中华！”成为时代强音。

从1984年第23届洛杉矶奥运会的15枚金牌，到2000年第27届悉尼奥运会的28枚金牌，中国当之无愧地成为国际公认的体育大国。

可是，“中国何时能自己举办一届奥运会？”——20世纪初，同胞的呼喊犹在耳际。

这是一个不畏惧任何艰险的民族。8年前北京申奥失利之后，人们高呼的口号是“坚定不移地走向世界”！

8年来的事实回应了这一声呐喊。2001年5月，香港《财富》论坛得出这样的结论：美国从1870年到1930年，60年时间人均收入增长3倍半；日本从1951年到1975年，25年时间人均收入增长6倍；而中国从1977年开始，短短20年时间，人均收入增长了7倍。

中国走向世界的脚步不可阻挡。奥运之梦牵系着中华民族为创造人类文明共同奋斗的理想。

## 人类一次智慧而诗意的选择

2001年5月15日。瑞士洛桑。

国际奥委会评估委员会公布了对2008年奥运会5个申办城市的评估报告，其中特别指出，2008年北京的奥运会将为中国和世界体育运动留下独一无二的遗产。

中国对人类的巨大贡献举世皆知。

“在北纬 40 度上下的世界各大城市，只有北京是历经 3000 年而不衰的都城。古迹之多，胜过罗马；气魄之大，胜过巴黎。”

今日中国已成为最具潜力的新兴市场，谁能漠视这个巨大市场给予世界经济发展的强大动力？

“新北京，新奥运”，已不仅仅是响亮的口号。

律动着来自世界各地电波的互联网，已成为公众表达意见的窗口。在北京奥申委网站上，一次为支持北京申奥而举办的签名活动中，仅一个月签名者就达 100 万人。

20 多家民间环保组织加入北京申奥队伍；“绿色社区”活动，正由居民们自发推行。

“人文奥运、绿色奥运、科技奥运”，正实实在在地成为中国赋予奥林匹克运动的崭新内涵。

1913 年，“现代奥林匹克之父”顾拜旦寓意深远地为国际奥委会设计了“五环”标志，以象征五大洲通过体育紧密联系在一起。

奥林匹克圣火就要在古老的中国点燃。时间将证明，这是人类的一次智慧而诗意的选择。

“1908—2008”，从第一个中国人提出申办奥运会，到北京主办奥运会，历史的回声将穿越整整一百年。这看似巧合，却蕴含着历史的必然。

# 4.“金孔雀”，请你归航！

⊙周猛　张科进　魏兵

“有一种飞翔，叫永远在航；有一种鸟鸣，叫荆棘绝唱……”

有很多人见过她。在采访中，在电视里，在网站上……那一天，她像往常一样跨进座舱，她轻盈推杆，飞舞蓝天，再未归来。

2016 年 11 月 12 日，空军 67 岁生日的第二天，八一飞行表演队女飞行员、歼 –10 首批女飞行员余旭在飞行训练中不幸牺牲。

“永远的‘金孔雀’一路走好！”“愿你在另一片星河里飞翔”……一连两天，震惊、哀恸、惋惜，弥漫在军内军外的网络上，传递在亿万民众的朋友圈里。

## 在你飞走的那一刻，我读懂了你的选择

“如果要飞得高，就该把地平线忘掉。”这是余旭经常哼唱的一句歌词。

飞行，从来都是勇敢者的事业，特技飞行更是主动挑战风险和极限。目前能飞三代战机的女飞行员，中国仅有 4 名，余旭便

是其中之一。

两次飞过天安门、两次亮相珠海航展，余旭和她的战友在蓝天上画出一道道辉煌航迹。

可是你或许不知道，她经历了怎样的千挑万选，才从20万人中脱颖而出成为一名女飞行员；可是你或许不知道，她在航空学校曾一次次眩晕呕吐、靠吃止吐片坚持训练，曾3点钟起床跟着太阳开飞，曾唏嘘地说道："想上蓝天真不容易啊！"

可是你或许不知道，为了完成阅兵任务，她和战友曾立下过"生死状"，用20多岁女孩的稚嫩肩膀，挑起生与死的重担……

"天空不曾留下翅膀的痕迹，但我已经飞过……"余旭——这位会飞的女孩走了，一道美丽的彩虹碎了。瞩望她这只"金孔雀"并不算长的生命乐章，我们所有的人是否都读懂了她这份青春无悔的选择、这份矢志蓝天的执着？

"干这行，最怕的就是来不及说再见……"余旭的战友们读懂了——一位空军机关的战友写道："不是空军人，你不会理解她的热爱与忠诚；不是军人，你不会理解她的信仰与牺牲。因为离你更近，所以更懂你。"

"像失去亲人般痛苦！向你致敬……"余旭的家乡父老读懂了——一位四川崇州的网友跟帖说："川妹子的骄傲！为您点赞！您为祖国保平安，您的一生重于泰山！"

"你在天空留下了微笑，只是远去得太早……"全国的亿万民众懂了——一位诗人为余旭写下这样一副挽联：空中凤凰，零落成泥碾作尘，只有香如故；蓝天舞者，英姿化风拂山河，魂驻长空存。

“若你换羽归来，定如初见般爱你。”截止到14日晚8时，为余旭网上“灵堂”里献上“鲜花”的网友已有700万之众。

余旭在日记里写道：“每个人的青春乐章中，总会留下动人的旋律和音符。”一定是她太爱祖国的蓝天，才把自己化为一朵美丽的云，忠诚地守望着自己的祖国，守望着这一片蓝天。追怀余旭，她带给我们的不仅是感动，更有对使命与担当、牺牲与奉献的思考……

## 从来没有岁月静好，只是有人为我们负重前行

“我觉得青春真的是无悔的，对于选择飞行事业，我没有感到后悔。”

伊人已逝，当我们品味“金孔雀”余旭在网络视频上的这段告白时，再一次忍不住泪如雨下。

放眼世界，任何一个空军强国的成长道路上都伴随着牺牲。有网友在帖文中说：不管承不承认，无论是空军大国，还是大国空军，都是摔出来的……这话可能有点绝对，但是并非没有道理。

“普加乔夫机动”“莱维斯曼”……稍懂军事的人，对这些特技应该不陌生。想当初，很多人对这些动作的实战意义持怀疑态度，认为只能用于飞行表演。现如今，它们已毫无争议地载入

世界空军的战术手册，成为衡量“王牌飞行员”的标配。

作为余旭的战友，我想告诉你们：她的每一次飞行，都是将“不可能”变成可能的凤凰涅槃，象征着一支军队、一个国家征服天空的雄心和渴望。

“中国航空之父”冯如弥留之际，嘱托身边人：“吾死后，尔等勿因是失其进取之心。”这位中华民族的航空先驱，一生都在用实际行动激励国人挑战天空、挑战“不可能”。

还记得2007年“感动中国”颁奖典礼上，组委会给予一名空军飞行员的颁奖词吗？

“烟笼大地，声震蓝天。星陨大地，魂归长天，他有22年飞行生涯，可命运只给他16秒！他是一名军人，自然把生命的天平向人民倾斜。飞机无法转弯，他只能让自己的生命改变航向。”

短短不到百字的颁奖词，记录着一位英雄的壮举：2006年11月14日，空军上校飞行员李剑英在发动机空中停车时，为了机翼下百姓的安宁，他3次放弃跳伞逃生的机会。

今年4月27日12时59分，29岁的飞行员张超在训练中，因战机突发机械故障，壮烈牺牲。回看事发视频，我们又怎能不为英雄的壮举打动：短短4.4秒，生死一瞬，张超首先选择了“推杆”，拼尽全力挽救飞机。正是这个选择，让他错过了跳伞自救的最佳时机！

军人的牺牲岂止在战场！今天，当歼-10、歼-15、歼-20

一次次腾空而起时，请别忘记余旭和那些牺牲的共和国军人。正如一名老兵所说："我们不怕牺牲，就怕被遗忘。"

我们欣慰地看到，许多网友在纪念余旭时感慨道：从来没有岁月静好，只是有人为我们负重前行。

## 擦干眼泪，凝聚起再次起飞的力量

"她身后的歼 –10 表演机色彩绚丽，她与队友飞出的轨迹五彩斑斓。但今天，当你在网页的输入框内输入她的名字时，她的页面变成了灰色。"网友荞皮在悼念余旭的文章中这样写道。

其实为了祖国的蓝天，生命与姓名变了颜色的，何止这一个会飞的女孩——

矗立在京郊的空军英雄纪念墙上，镌刻着为人民空军建设事业英勇牺牲的 1700 多名烈士。在那些曾经鲜活和永远光辉的名字中，有一些标着令人心颤的注脚：

1960 年—1969 年：陈志英（女），潘隽如（女）；

1970 年—1979 年：徐保安（女）；

1980 年—1989 年：马杰（女）；

2010 年至今：赵月（女）……

"也许，在很多人眼里，那只是墙，但在我们眼里，它更像是一种信仰！"一名工作在英雄墙下的空军中尉如是说。

我们难忘，余旭和她的战友们绚烂如烟火般的精彩飞行。但我们更不应忘记：每一名飞行员每一次起飞的背后，都有我们看不到的奉献，都有我们感受不到的执着。

一支军队不可能轻轻松松地强大，一个国家也不可能轻轻松松地崛起！是这些飞逝的名字，护佑了今天如空气一样平常的和平与发展。

因为懂你，懂你们，我们的泪水才如此深长。

因为懂你，懂你们，我们擦干泪水后的眼神才如此坚定——

余旭走了。她的师妹说：“女飞行员，这个美丽坚韧的称谓把我们紧紧连在一起。旭姐，你安心地走吧，师妹们立誓，接过你手中的接力棒，为祖国，守蓝天！”

余旭走了。一群空军战友擦干眼泪，唱起了余旭最喜欢的歌：“我爱祖国的蓝天，晴空万里阳光灿烂，白云为我铺大道，东风送我飞向前……”

余旭走了。空军新闻发言人在“空军发布”微博上坚定地表示：空军要继续坚持从难从严训练，忠实履行使命责任，不负祖国和人民对空军的期望。

出师未捷身先死，长使英雄泪满襟。余旭走了，来不及说：再见……余旭走了，我们却不能只说一句：英雄走好……

我们目睹一个英雄远去，我们也必将目睹更多英雄走来！

唯愿国防，更加强大；唯愿军人，热血到老！

# 5. 她把爱和生命留在了雪域

## ——记公益天使熊宁

⊙李斌　孙海华

### 最后一次留下的倩影

虽然只见过两次面，但巴桑这一辈子都无法忘记熊宁那“像孩子一样天真灿烂的笑”。

这位青海省玉树藏族自治州的乡镇女干部，3 月 6 日最后一次见到熊宁。当时熊宁头戴小帽，身穿黑色羽绒服和蓝色运动裤，踏着棕色的旅游鞋，笑盈盈地走向面色黝黑的巴桑，在海拔 4000 多米的镇政府门口一把抱住她，高呼一声：“大美人！”

熊宁与巴桑热情拥抱后上车，随即又打开车门走下来，两人搭肩搂腰，合影留念。

这是一次诀别。3 月 10 日，噩耗传来，像一记炸雷震得巴桑半天没有反应过来：西安姑娘熊宁，从玉树返回西宁的途中遭遇车祸身亡。她搭乘的一辆小型汽车从一段缓坡冲下来后，颠过几处轻微的起伏路，突然翻车，“脸上总是带着微笑”的熊宁被重重地甩出车厢——29 岁的生命就这样戛然而止。

几天前，面对本报记者，巴桑声音低沉，长叹一口气："她是来做好事的，没想到一条命就没了。"

那天晚上，巴桑感觉自己"快要崩溃了"，她在镇政府前的马路上不断地来回走动，心里涌出无数个假设。一位老干部在后面追着叫她，巴桑浑然不觉。

她时常这样想：如果自己不在电话里多那句话，那位美丽的汉族姑娘就不会出事了。

## 一天中十几个小时在奔波

熊宁在春节期间打来电话，原本只是问候巴桑一家的情况，藏族朋友告诉她："都挺好，只是这里雪下得很大。"这使得那个清脆的声音立刻变得急切起来："人怎么样，牛死了没有？"

当时，孕育了长江、黄河与澜沧江的玉树州，近 20 万平方千米的土地中有超过 1/5 的面积被冰雪覆盖，十几万头（只）牲畜相继死亡。远在千里之外的熊宁很着急，她对巴桑说："（牧民的）牛没有了，那咋办？我去那里看一看吧。"

这个时常飘雪的季节里，要走完西宁至玉树藏族自治州的 800 多千米路，需翻越 20 多座大山，巴桑听说"特高档的车也要花 18 个小时"，风险极大。她极力劝阻熊宁"千万不要来"，对方应着"好好，放心放心"，便挂了电话。

3 月 6 日，熊宁和丈夫等一行 4 人乘坐一辆越野车出现在巴桑面前。车的后备厢里，堆满了救灾物资，除了防寒服、毛裤棉帽，还有冻疮膏、擦脸油、各种药品和新买来的成捆的袜子、手套和口罩。

和几年前第一次偶遇熊宁时的感觉一样，巴桑眼中的她依然“非常漂亮”，而她相信“熊宁的内心比她的外貌更美”。

在巴桑的陪同下，车跳跃着、摇晃着朝高山上的灾民家驶去。巴桑发现，这个时尚的都市女孩很容易和藏民亲近起来，“她的善良是天生的，心特别软，很容易动情”。

熊宁每到一家，都要摸摸小孩的头，半跪着给他们擦脸或者喂糖，还扯着藏族阿妈的衣服，语调轻柔地打听情况。

一个叫才文的6岁男孩，怯生生地望着这些人，好奇而又不敢靠近，熊宁抚摸着那张冻得冰凉的小脸，把自己的帽子和围巾拿出来，给才文戴上。害羞的小男孩儿神气起来，伸长双臂在空间局促的帐篷里转悠。

熊宁一行离开的时候，把那双小手挥动得十分有力。

与熊宁同行的赵海涛被这个小她10岁的女孩子所折服：“熊宁与素不相识的受灾藏民似乎感情很深，分送物品时，她完全没有任何功利色彩，显得那么诚恳，那么真实。”

3月6日这一天，他们十几个小时在奔波，除了早上吃了方便面，进入肚中的只有矿泉水，但熊宁却显得越来越有精神，虽然她患有可怕的疾病：左眼眼底黄斑变性，很可能会导致失明。

熊宁在返回镇上的途中还反复向同伴们强调，“一定要把这件事情坚持做下去”。她后悔这次带的东西太少，催促丈夫黄晨赶紧再回一趟西安，多运些救灾物资过来。

“因为善良，我觉得她的身上到处洋溢着美的东西。”巴桑喜欢回味与熊宁的短暂交往。她忘不了熊宁的眼神："盯着你，真诚而热烈。我很喜欢看她。"

## 一生一世的追求

熊宁的爱心与热情，让许多孩子感到温暖和快乐。11 岁的昂文求达是玉树州红旗小学四年级的学生，他在一岁时就失去了父亲，去年，他多了一个"阿妈"。

"我平时在家里很孤独。"这个孩子说，"熊宁阿妈一来，我就高兴得蹦起来。"

熊宁的到来，对昂文求达来说不仅意味着有好吃的，而且会很好玩。这让昂文的妈妈拉巴感到好奇，她问熊宁："你怎么跟小孩的性格一样？"熊宁呵呵一笑："我就是个小孩啊！"

这个"小孩"会和昂文玩各种小朋友的游戏，比如"小蜜蜂""藏手指"，赢了，她会拍手大笑。

在拉巴的眼里，熊宁是把昂文当作亲儿子对待的。她远在西安，还在春节前托人给小孩带来一堆崭新的衣物和课外书。这次离开玉树前，她把昂文领到镇上的澡堂，洗得干干净净，让昂文"感觉很爽"。

她甚至提出，要把昂文带到西安去上学，直到帮他找到工作。熊宁离开昂文时的恋恋不舍，让孩子的母亲颇为动情，她不断地对记者说："她是真心的，她是真心的。"

熊宁的事迹因为她的离世才变得广为人知，很多人感到惊讶，他们从这个漂亮的女孩子身上看到了美与善的统一。

从2007年年初开始，熊宁成了西安市儿童福利院的常客，有时一周能去两三次。她总是笑眯了眼，不顾孩子的鼻涕和嘴边的饭粒，抱抱这个亲亲那个，急不可耐地拿出袋子里的香肠和糖果，或者急急忙忙地给拉屎的孩子擦屁股。

这种爱给福利院的工作人员留下了深刻的印象。熊宁关注最多的，是那些重残儿童，她总说，漂亮的孩子大家都喜欢，而我要把更多的爱给残疾的孩子。节假日里，熊宁会把一些孩子带回自己的家，给他们洗澡、换上漂亮的衣服，陪他们去广场、发廊或者诊所。

熊宁的手机里存着一些被领养的孩子的照片，她常翻出来和朋友分享。她很喜欢的小安佳被一对美国夫妇领养，回访福利院时，熊宁抱着他亲个不停，为避免孩子被蚊子叮咬，还为他戴了个小香包。

“你那么喜欢孩子，为什么不自己生一个呢？”有朋友问熊宁。她的回答令人惊讶：“如果生了孩子，那会把自己的感情全都给这个孩子，而不能把爱分给其他人。人生在世，要善待周围的人，不一定非要创造生命。”

熊宁离去后，福利院的孩子们画了两张卡片，卡片内页上，有一对彩色的小手印，是孩子们用自己的手饱蘸色彩重重按下的。“熊宁以前最爱牵孩子们的小手，这对手印按下去的时候，宝宝们的小手就和熊宁温柔的手永远连在了一起。”

巴桑曾听熊宁说过，“不管是汉族同胞还是藏族同胞，只要他比我穷，我就会力所能及地去帮助。要把帮助弱势群体，当作生命中的一部分。”

好友高红评价：“熊宁好得你都不敢相信她是真的。”就因为玉树的一些孩子提到“哆啦A梦”，却不知道到底是什么样子。回到西安后，熊宁拉着高红跑了一下午的市场，最终没能找到那种铅笔，却买回了绘有这种图案的润唇膏和抹脸油。熊宁先后4次去过青海一所孤儿学校，她希望明年夏天能和高红一起去那里支教。

熊宁的生活本来可以很简单，她喜欢旅游，爱好游泳，对美食有着非同一般的狂热。1996年她被保送到中国纺织大学服装设计专业，毕业后，成了广州一家公司的总经理助理。这份令人羡慕的高薪工作没能留住她的心，“不是自己向往的人生”。辞职后，她和丈夫做过贸易和室内装饰，还在西安开过一间服装店，但带给她最大满足的还是她热心的公益事业。

## 藏族同胞发自肺腑的哀思

在玉树隆宝镇海拔4000多米的深山里，藏着贫困的君青村，一位名叫洛求告的28岁的女子和家人生活在那里。3月6日那天，熊宁的到来给这个家庭带来了少有的快乐。

熊宁离开后，洛求告5岁的女儿总是问妈妈：“漂亮的汉族姑娘怎么见不着了？”后来，洛求告从镇上拿回家里的第一张照片——熊宁与她一家四口的合影，忧伤地告诉孩子：她死了。此后，小孩再也不问了。

“她非常可爱。”洛求告“害怕弄脏照片”，把它放在一个皱巴巴的塑料袋里，立在床头的一块木板上，天天看着。

开车沿着通天河畔惊险的道路走上一个小时，记者来到了玉树州拉布乡的土登寺。“我每时每刻都会想念她。”68 岁的秋英多杰说，“熊宁是一个心地善良、有勇气的青年。”大家知道她的心愿：先了解藏区的贫困现状，然后逐步落实，“给他们温暖”。

熊宁感动了无数人。藏区著名的音乐人、性格坚毅的藏族汉子昂旺文章，带着“感恩和感谢的心”，仅用几分钟时间就写成了一首《爱的怀念》。“从西宁到玉树的路上，几乎天天都有车祸，她到这里来，奉献的是大爱。”昂旺文章说，“如果没有这场车祸，没有人知道她。我感谢她，也感谢许多像她那样来到玉树的人。”

“有一位姑娘／走过了雪域／轻轻的脚步／留下许多爱的怀念／有一位姑娘／美丽了雪山／灿烂的微笑／藏在炊烟升起的帐篷……”《爱的怀念》在报纸上发表后，引起很大反响，要求为其谱曲的人中，有 80 多岁的老人，有尚未毕业的音乐学院研究生，还有著名的作曲家。

但在熊宁的父亲看来，“她其实只是做了一些普通的事，很简单。在我们身边，还有很多人在做着同样的事情。熊宁就像是一抔黄土，平常得随处可见。她只是一个善良的孩子而已。”

（选自《中国青年报》）

# 单元学习任务

## 任务一

《世界选择北京——写在北京申奥成功之际》是一篇事件通讯，它通过描写中国近现代史和奥运之路，告诉我们北京申奥成功的社会意义和时代意义。请根据文意，在下面的思维导图中填写时间标签，感受通讯体裁的特色。

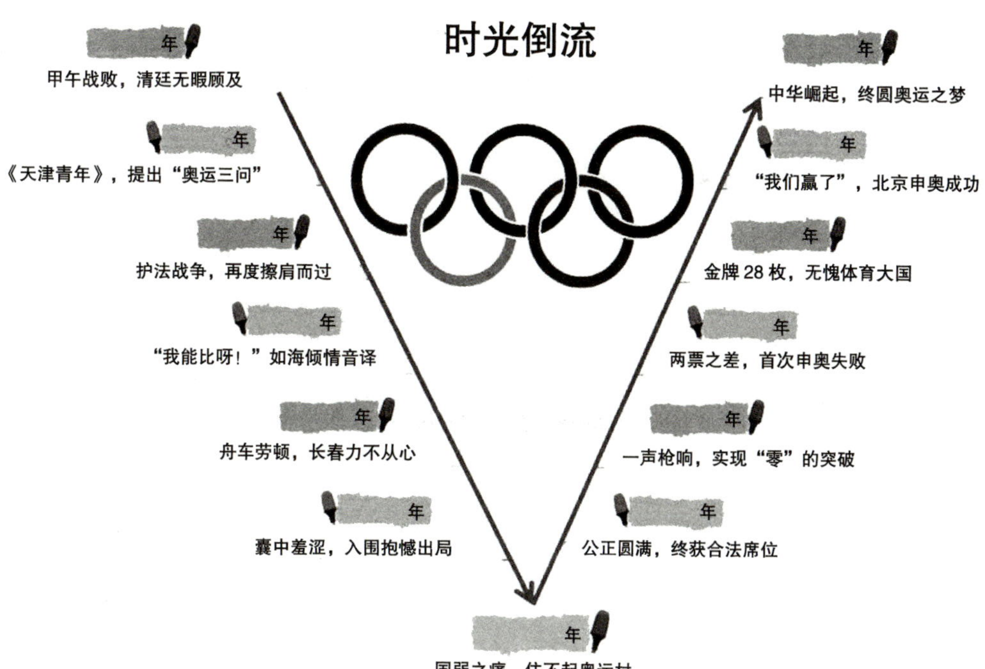

任务二

《“金孔雀”，请你归航！》《她把爱和生命留在了雪域——记公益天使熊宁》两篇人物通讯，带给我们的不仅仅是感动，更有对使命与担当、牺牲与奉献、生命价值与意义的思考……请以“青春的价值”为主题词，选取最有感触的一点撰写演讲稿，并参加班级演讲比赛。

| **演讲人：** |
| --- |
| **演讲稿：** |

# 评论与报告文学

新闻评论是对有价值的新闻事实和社会现象发表意见以指导实践的一种文体。一篇好的新闻评论，既反映作者认识问题、把握新闻的能力，也反映其通过大众传播媒介有效率地表达观点的能力。新闻评论还有另一个重要功能：帮助人们通过新闻媒体对于公共事务进行意见交流——这些意见交流往往由新闻报道而促发。

报告文学作为一种新闻体裁，有着鲜明的新闻性，也被称为新闻文学。它是一种边缘文体，兼有新闻性、文学性和政论性的特征。报告文学新闻性的特征，规定了它的语言必须有可信度。而它的文学性的特征，则要求它的语言还应当具有鲜明的文学色彩。

阅读本单元的文章，要了解文中所写的新闻事件，梳理文章结构，品味文中精彩的语言。同时还要通过阅读，把握作者的新闻观点，形成正确的人生观和价值观，提升自己的道德水准。

# 1. 残奥会承载的不止超越与梦想

⊙李　斌

假设人类已经消除了一切不平等，不再有健全人对残疾人的怜悯、嘲笑、漠视或歧视，残奥会肯定还会继续办下去，但不会像今天和过去那样再承载如此沉重的内容，它将回归竞技体育的本源，带给大家单纯的快乐。

对于奥运会，我们想方设法去除它在体育之外的内涵，强调那只是人类的一场游戏。而现在，面对残奥会，我们需要花费更多的笔墨和镜头来表达它在体育之外的意义，认为它所体现出的残疾人的自信与独立比赛事更重要。这是一个富有意味的区别，却也反映了残疾人在健全人主导的世界里并不乐观的处境。

人生而平等，这是不容否认的真理，但

残疾人却需要这样一场竞技来促使大家摘掉鼻子上的有色眼镜，就像美国轮椅橄榄球队教练詹姆斯·冈伯特在9月12日所说的，“我们被迫打破了人们强加在我们身上的旧框框，他们以为某些事情我们做不了”。

此处引用詹姆斯·冈伯特的话，有何作用？

所以，在我的眼里，这些来自147个国家和地区的残疾人不仅仅是运动员，他们更像是一群温和而富有激情的斗士，以一种积极的、有利于促进人与人之间相互认可和融合的方式，来表达自己内心的诉求，那就是对平等的渴望。

这样一种追求恰恰符合人类的需要，并能激起最广大人群的共鸣，因而成为残奥会蓬勃发展的巨大推动力，使它在短短的几十年里，由小变大，由弱变强，影响范围迅速地从残疾人群体蔓延至健全人，而受到越来越多的关注。

一些科学实验与研究表明，平等是人类普遍的愿望，承载了人类千百万年来发展的梦想。任何人都不愿意受到不平等的对待。因此，对于那些与不平等做抗争的行动，人们出于道义、责任和感同身受的换位思考，往往愿意为之付出自己的情感和努力——消除不平等，是全人类的终极理想，每个人都责无旁贷。

新闻评论中，作者的情感倾向比消息表达得更充分、更明显。

但人类也天然地具有这样一个缺点：在弱者面前，强者总会流露出某种优越感。这种优越感一泛滥就成了导致社会不平等的心理源头。必须承认，残疾人因为某个身体部位和功能的缺失，在某种意义上，他们确实属于社会的弱者。但在文明的社会，弱者不应该成为人们冷眼相看的对象。

把残疾看成是“人类社会发展进程中不可避免要付出的一种社会代价”，“正是一部分人首先承担了残疾带来的痛苦，才促使现代人类社会在医学、遗传学、劳动保障、交通管理等方面的物质和精神文明不断发展”。因此，对残疾人，我们不但要尊重，还要感谢。

但是，很多人因为种种的局限，其认知还达不到这样的高度，所以，他们需要被教育、被改变。残疾人有许多途径展现自己的人生价值和社会价值，但是，没有一种方式能像残奥会这样全面、生动而深刻地使健全人震撼和感动。

面对赛场上的残疾运动员，许多健全人开始为过去的无知和过失感到惭愧。这正是残奥会的力量所在，它最早是从帮助受伤士兵进行康复治疗开始，很快就成了残疾人实现自我价值的一种方式，并进而影响和改变着整个社会。

（选自《中国青年报》）

面对残奥会，我们需要运用更多的笔墨和镜头来表达它在体育之外的意义，请看看那些残缺的身体如何奋力前行，请看看轮椅上的健儿如何驰骋赛场，请看看不平衡的躯体如何保持平衡全力拼搏。他们，是我们视野中最执着的坚守、最倔强的挺立、最亮丽的风景。

文中许多句子值得我们用心体会，你是如何理解“人生而平等，这是不容否认的真理，但残疾人却需要这样一场竞技来促使大家摘掉鼻子上的有色眼镜”这句话的？作者认为“残奥会承载的不止超越与梦想”，你认为残奥会还承载着什么？说说你的理解。

# 2. 承载使命，为国远航

⊙黎云　张瑞杰

**新华社杭州 12 月 11 日电（记者　黎云　张瑞杰）**中国海军和平方舟号医院船为和平而生，向和平而去，近年来多次圆满完成海上伤病员救治后送、重大灾害应急救援、国际人道主义医疗救助等任务，受到国际社会广泛赞誉。

白色船体，喷涂红色“十”字标识，在日益壮大的人民海军序列中，和平方舟是人民群众心目中那只亲切可爱的“大白”。

浪花掠过 3 大洋，足迹远赴 6 大洲 43 个国家和地区，在一双双期盼的眼神中，和平方舟是一支最值得信赖的和平力量。

行遍祖国海疆，保障演习护航，在向海图强的春潮中，和平方舟是不可或缺的远洋卫勤力量。

和平方舟是生命之舟。她在疫区逆行，在灾区冲锋，在危难中点燃生命之光。人道、博爱、奉献，和平方舟共展开各类手术1400多台次，将一批濒临死亡的患者拯救回来。先后有6名婴儿经过中国大夫的努力施救在和平方舟上顺利降生，他们被分别取名叫作和平、中国、友谊……

新闻评论具有强烈的时效性，它以迅速、及时地评述最新事件，提出和解决当前最迫切需要解决的问题取胜，这也是新闻体裁的特质。

和平方舟是和平之舟。没有舰炮，没有导弹，没有鱼雷，和平方舟满载着医术精湛的中国军医，还有病患急需的药品。除了治病救人，和平方舟还广泛宣传“对话不对抗、结伴不结盟、发展不称霸”的原则立场，热情邀请军地医疗工作者、医学生上船参观，组织联合演练，毫无保留地开展技术交流，为当地留下一支永远不走的医疗队。

和平方舟是友谊之舟。中国军人用实际行动赢得了当地军政要员、民众和华侨的信任与尊重，与到访国家人民结下了深厚的友谊。有的国家出动军舰、军机前出护航，有的民众为医生们带来了自家种的花生和烤的木薯。有一次和平方舟离开肯尼亚时，岸上突然出现了一支插着五星红旗的摩托车队，沿着海岸线追赶送行。

和平方舟是文化之舟。24 万余海里的航程，和平方舟开展了 100 多场次的文化交流活动，详细介绍传统中国和当代中国，为不同肤色、不同语言、不同文化信仰的人讲了一路中国故事。和平方舟，成为靠泊地很多青少年了解中国的窗口。“我长大了要去中国看一看”成为一代年轻人的梦想。

新闻评论的主要特点是以发议论、讲道理为主，又强调时效性和鲜明的针对性。

中国之舟，为和平而来。忠诚使命，建功海洋，和平方舟处处践行构建人类命运共同体、海洋命运共同体理念，履行中国军队维护世界和平的庄严承诺，必将在深蓝大洋继续奏响人类命运共同体的和谐乐章。

这篇评论从“和平方舟是生命之舟”“和平方舟是和平之舟”“和平方舟是友谊之舟”“和平方舟是文化之舟”四个方面，高度评价了中国海军和平方舟号医院船在海上伤病员救治后送、重大灾害应急救援、国际人道主义医疗救助等任务中所起的作用。

新闻评论以发议论为主，通过对新闻事实的分析论证，直接鲜明地阐明立场、观点。这篇评论没有停留在就事论事的浅表上，而是站得高看得远，在概述新闻事实的基础上，提出了深刻的见解。说说这篇评论的主要观点是什么，确立观点的依据又是什么。

# 1. 点亮“国宝”回家之路

⊙王 珏

不久前，国家文物局向中国国家博物馆划拨青铜“虎鎣”。至此，这件流失海外百年的圆明园青铜器，终于回到祖国的怀抱。如果说，这件西周晚期珍贵文物的流失，铭记着一段屈辱的中国近代史，那么今天的回归，则标志着中国国力的逐渐强大和整个社会对文化的重视，从一个侧面见证了中华民族从站起来、富起来到强起来的伟大飞跃。

方唇、短束颈、宽折肩、圜底，足根饰饕餮纹，腹下部饰瓦纹，腹上部饰横S形斜角云纹，其上的伏虎造型惟妙惟肖……在灯光的照耀下，青铜“虎鎣”散发着神秘、高贵的光芒。今年3月，青铜“虎鎣”即将在英国拍卖的消息传出，媒体跟踪报道，人们持续关注。国家文物局经过信息收集、协商谈判等多方面工作，推动青铜“虎鎣”返还。最终，境外买家将青铜“虎鎣”捐赠给国家文物局，为青铜“虎鎣”回家之路画上了圆满的句号。正如国家文物局局长刘玉珠所说，流失海外的中国文物是我国文化遗产的重要组成部分，其流散回归历程与国家治乱、民族兴衰密切相关，寄托着中国人民深厚的历史与文化情感。

见证历史沧桑、经历百年漂泊，青铜“虎鎣”的回归，既有历史意义，也有现实意义。流失海外文物的追索是世界性难题，既有的国际公约在追诉时效和强制性等方面，存在约束力小、执行力弱等问题。对此，我国不断拓展流失文物追索渠道，促成文物回国。比如，2014 年青铜器皿天全方罍器身的回归，就是通过省级博物馆出面、民间收藏家出资，通过多方协商达成洽购的方式促成，既体现尊重市场，又讲究策略。相关负责人指出，我们主动有序推进流失文物追索返还工作，为建立更加公平正义的流失文物追索返还国际规则贡献中国力量、中国智慧。

在流失海外文物追索中，我国探索多样化的文物追索路径，为国际社会提供追索成功案例和经验。近年来，国家文物局逐步建立综合使用外交斡旋、协商谈判、执法合作、司法诉讼等方式追索返还流失文物，促成了 30 余批次近 4000 件套流失文物回归祖国。圆明园鼠首兔首、秦公晋侯青铜器、大堡子山金饰片等文物的成功追回，为宣传流失文物追索返还原则理念、保护和传承中华优秀传统文化起到了重要的推动作用。

如今，我国高度重视历史文物保护，不断加强文物保护利用改革，让保护文物的观念深入人心。同时也应该看到，我国流失海外的文物数量众多，每一件文物面对的实际情况也不尽相同，海外流失文物的追索仍然任重道远。据中国文物学会统计，1840

年鸦片战争以来，超过1000万件中国文物流失到欧美、日本和东南亚等国家和地区。除了成功追回的“国宝”，还有更多的文物，期待“回家”。进一步拓展文物追索渠道，形成海外文物追索的机制，我们需要和国际社会更深入地沟通、更紧密地合作，也需要更多社会力量的参与和推动。

据悉，青铜“虎鎣”入藏国博后，国博将做好相关研究、展示工作。相信不久后，我们就能够在博物馆看到这件文物。希望更多人能够听见“国宝”回家的故事，更多人能够关注参与文化遗产保护，举各方之力，点亮“国宝”漫漫回家路。

（选自《人民日报》）

# 2. 让全社会充满道德温度

⊙张　贺

日前，第七届全国道德模范评选表彰活动进入候选人集中公示阶段，各媒体集中刊登候选人的事迹。一个个闪耀的名字、一串串感人的事迹，刻写下我们时代的凡人善举，也彰显着推动社会前进的精神力量。

国无德不兴，人无德不立。精神文明是一个国家走向强大的重要支撑，道德模范是一个社会崇德向善的醒目旗帜。这次公布的全国道德模范候选人，是各个行业、各个领域涌现出的先进典型，他们身上，生动呈现了当代中国的精神风貌，集中展示着我们时代的道德风尚。广泛深入开展道德模范评选表彰活动，就是通过评选道德模范来弘扬真善美、传播正能量，引导人们崇德向善、见贤思齐，鼓励全社会向道德模范看齐，用榜样的力量激励自己。

一个人追求道德的生活，人生就会更有意义；一个社会尊崇道德的风尚，社会就会更有力量。近年来，中华大地上层出不穷的榜样模范和先进人物，用行动诠释着向上向善的时代品格。誓言“振兴中华，乃我辈之责”的黄大年，诠释了什么是对祖国之爱；志在“让每个孩子都有微笑的权利”的韩凯，展示了什么是医者仁心；“捡”出一座免费图书馆的“中国好人”陈光伟，体现着质朴的助人为乐……在当代中国的文明星空中，处处能看到道德的光亮。他们如同一盏盏明灯，照耀着人们的心灵，也有力证明，道德正能量始终具有凝聚人心的力量。

我们倡导的社会主义核心价值观，既涵盖了对国家的热爱、对工作的热爱，也涵盖了对人的爱。此次公布的道德模范候选人的事迹中，或敬业奉献，或见义勇为，或诚实守信，或孝老爱亲，这些高尚品质，既是社会主义核心价值观的具体体现，也是中华民族传统美德的具体体现。他们用平凡中的伟大温暖人心，为全社会树立起榜样。在全社会颂扬道德模范，就是要把他们的爱心善举转化为潜移默化的力量，推动全社会形成崇德向善、见贤思齐、德行天下的浓厚氛围。

“一朵鲜花打扮不出美丽的春天。”让更多人向上向善，离不开对良好社会氛围的营造。近年来，各地区各部门按照中央的要求，不断推进公民道德建设，弘扬中华传统美德，培育时代新风，中华大地上涌现出一大批道德模范和最美人物。他们的精神给人们以巨大动力。在人们身边，无论是抢险救灾，还是扶危济困，只要社会有需要，就会有一大批人站出来无私奉献，凸显了新时代思想道德建设的丰硕成果，彰显了中华民族昂扬向上的精神风貌，让全社会因道德的追求而充满力量。点燃自己的善念火种、做身边人的道德光源，社会才能更加充满道德温度，文明才会因每个人的奉献而水涨船高。

一个民族要实现复兴，既需要强大的物质力量，也需要强大的精神力量。今天，全社会对道德风尚和社会风气的期待更高，人们希望自己生活的环境处处讲道德、有秩序，处处有爱心、有温暖。评选和表彰道德模范，将更好引导人们追求讲道德、尊道德、守道德的生活，让每个人都成为道德的主体，汇聚起实现中华民族伟大复兴的磅礴力量。

（选自《人民日报》，有删节）

# 3. 中国故事，更精彩的书写还在后面

⊙新华社评论员

**新华社北京9月10日电（新华社评论员）**九月的阳光，洒在中国大地上，也照进爱好和平的人们的心里。

时光飞逝中，历史新的书写已经开始。回望刚刚结束的纪念抗战胜利70周年的国家盛典，历史将会记住什么？是铁流滚滚、战鹰呼啸的胜利日大阅兵，还是中国裁军30万的铿锵宣示？是抗战老兵微微颤抖的军礼，还是国歌响起时中华儿女心中涌起的波澜？无数的瞬间与场景，无数的掌声与感动，汇成了一个个精彩难忘的中国故事，写在了我们心灵深处，凝结成新的集体记忆。铭记历史、缅怀先烈、珍爱和平、开创未来，此刻的中国，无比坚定地向前行进；此刻的世界，倾听着来自东方的讲述。

这是一个民族复兴的故事。天安门广场，长安街，浓缩一部中国近现代史。在这里，曾闯入八国联军的队列，曾踏进日寇的铁蹄；在这里，也迸发出“外争国权，内惩国贼”的呐喊，发出了新中国成立的庄严宣告。落后与挨打，抗争与奋起，高耸的华表见证这一切，红墙黄瓦又承载多少兴衰成败。

历史，何尝不是饱含感情的回忆？只有重温甲午年“四万万人齐下泪”的巨痛、柳条湖的惊天一爆、卢沟桥畔的枪声，我们才能深切感受70年前神州沸腾、喜极而泣的胜利喜悦；才能深刻理解，一个饱受磨难的民族，一个在现代化进程中奋起直追的民族，为何如此渴望独立与富强，为何如此不懈追求文明与进步。

100多年前，两位法国摄影家拍下了天安门广场的第一张彩色照片：残破的城楼下，一辆人力车冒着寒风，匆匆而过。今天，那个积贫积弱的旧中国早已远去，一个日益繁荣昌盛的新中国挺立于世界东方。漫步在游人如织的天安门广场，感怀巨变，仰望苍穹，人民英雄纪念碑上赫然刻着，“由此上溯到一千八百四十年”。沿着无数先烈铺筑的复兴之路前行，那豪迈的宣言——“中国人民从此站起来了”依然让人热血沸腾，那不变的呼声——“愿相会于中华腾飞世界时”依然让人热泪盈眶。

这是一个和平与正义的故事。14年抗战，中国人民执干戈以卫社稷、洒热血以捍尊严，既为了“中华民族永存世界上”，也为了拯救人类文明、保卫世界和平。那场关系中国命运、世界走向的大决战，昭示了正义必胜、和平必胜、人民必胜的伟大真理。古往今来，中国乃至人类发生的无数次战争中，从未像这场战争这样深刻地决定了现在、影响着未来。

“战争是一面镜子”，它照鉴一个国家如何回首走过的路、如何开启前行的路。历经战火摧残，中国从中感悟的不是弱肉强食、穷兵黩武，而是更坚定地珍爱和平、维护和平，义无反顾选择和平发展道路。一个国家的强大，靠的是实力；一个国家的伟大，凭的是胸怀。“相互尊重、平等相处、和平发展、共同繁荣，才是人间正道。”天安门城楼上，中国声音再次传遍世界，打动了无数企盼和平、向往正义的心灵。一个崇尚“协和万邦”的文明古国，一个走向世界、海纳百川的现代中国，一个你中有我、我中有你的当代世界，从未如此紧密地融为一体。千百年来，诗人们畅想“安得壮士挽天河，净洗甲兵长不用”，哲人们期盼“永久和平”的降临。今天，“人类命运共同体”的理念与实践，和平发展的浩荡潮流，让人们看到了希望的曙光。和平的阳光下，中国正与各国一道携手前进；中国的发展壮大，必将是世界和平力量的发展壮大。

70 年过去，当年的孩童，已是古稀老人。“周虽旧邦，其命维新。”正是在这 70 年中，中国的变化“天翻地覆慨而慷”。当中国从危亡走向复兴，重新回到世界舞台的中心，读懂中国故事、思考中国奇迹，日益成为一个世界性议题。

观察和理解中国，民族精神始终是一个重要维度，这正是中国故事的根与魂。1941 年，海明威来到中国，看到 10 万农民唱着号子建造机场的壮观场景不禁感叹，中国人民有勤劳勇敢、不怕艰难牺牲的精神，必将取得最后胜利。硝烟散尽，精魂永存。气壮山河的抗战精神，早已融入雄壮激昂的旋律——“我们万众一心，冒着敌人的炮火，前进！”就是在这旋律中，我们赢得了抗战胜利，我们举行了开国大典，我们开始了改革开放，我们创造了中国奇迹，我们迎来了港澳回归、北京奥运、上海世博等百年盛事，我们和世界分享着胜利日的荣光。不论时代如何变幻，以爱国主义为核心的伟大民族精神，永远是中国人心灵的灯塔，总能汇聚起磅礴的力量，照亮民族复兴的光明未来。

历史不会终结，我们仍在路上。中国故事远未结束，更精彩的书写还在后面……

### 新闻评论的立意

新闻评论的“立意”，是作者对所评述的事物或问题，提出自己的看法，发表自己的见解，也就是确立评论文章的基本观点与主要思想内容。

新闻评论讲究有的放矢、就事论理、有感而发，其立意贵在“准”“新”“深”。“准”，指评论的基本观点要正确和切合实际，要符合法制与政策思想，要恰如其分、合乎情理，这也是保证评论舆论导向正确的必要条件；“新”，指新闻评论见解新颖、论点新颖，要能给读者以思想启迪，给实际工作以新的启示；“深”，就是要把评论涉及的基本道理与中心论点分析透、论述透。

# 4. 天空的微笑

⊙徐　剑

## 京畿炊烟何处去

2017年春节刚过，春意蛰居于幽燕大地，只待春风苏醒。而此时，北京大气污染治理举措的其中一记“重拳”——北京平原地区“煤改电”工程已进入决战阶段。

那天，刘兴义驾着深黄色的工程车，穿越房山一隅，他在周口店供电所当了20多年的配电工，所内上上下下、片区内的父老乡亲都喊他大刘师傅。

车至周口店，戛然停下。节后的第一场春雪落尽，天气骤冷，炊烟浮浮冉冉。这是大刘熟悉的故里，他的家就在周口店村里，离山顶洞人遗址不远。冷雪过尽，家家的土暖气炕烧得红红火火。记得小时候是烧秸秆，后来改成了烧煤，劣质的居多，便宜啊，百十块一吨，乡亲们烧得起。一到傍晚，炊烟袅袅滚滚，连绵不绝，一比谁家浓淡高低。然而，这文人墨客眼中的诗意美景，其实恰是京畿西南雾霾的源头之一。

大刘走遍周口店故里，挨家挨户宣传煤改电的好处，说这是党中央为京郊老百姓办的大实事、大好事，冬天取暖，一度电仅掏一角钱，其余的钱，由政府和电网企业补贴。且两三万一台的采暖空气源热泵，自己仅出千元，近似白送。这是一种绿色生活方式——乡亲们再不用半夜三更起床，披衣钻进凛冽寒夜，加煤、封炉子了，再不须干掏煤渣的脏活了，更不用提心吊胆担心煤气中毒，唯一的条件就是停了小烟囱。还有此等好事？大刘平时做人厚道，做事靠谱，乡亲们信赖他，觉得大刘说话在理，不会坑害大家。于是，对区里和镇上推广的煤改电，乡亲们响应者众。

高兴之余，大刘也未免怅然。周口店毕竟是发现早期人类用火证据的地方，山顶洞人的一堆篝火照亮了亘古的黑暗，温暖了人类的始祖。从此，有了人间烟火，也就有了游牧文明、农耕文明，有了村屯城郭，有了工业文明。燃烧了千万年的烟火终成记忆，这是千年之幸，亦是时代新变。

…………

截止到2017年9月30日，北京已经累计完成1778个村、104.1万户的“煤改电”工程，基本实现了平原地区的“无煤化”。特别是近两年，坚决落实党中央推进北方地区冬季清洁取暖的重要指示，工作量是以前13年完成总量的近两倍，仅2017年，北京地区“煤改电”工程建设规模就有900个村、40.29万户，占全国“煤改电”工程总量的34.05%。

2017年早春的一个傍晚，夕阳抚摸着京城街衢。在国网北京市电力公司办公地，我采访了李同智。他谦和、低调，第一次见面便让人顿生好感。面对我的提问，李同智很少提及“煤改电”工程如何艰巨，而是谈了他对这项工程的认识。他说，近几年，全国能源领域事关百姓生活的大事，“煤改电”工程应算其中之一，体现了党中央对老百姓的关怀。国网北京市电力公司作为国家电网公司在首都的服务窗口单位，做好这项工程对国家发展新能源具有示范作用，必须尽心尽力做到位。

在这之后，我一直在通州、房山、大兴、海淀、门头沟、密云等地采访。我曾参观通州崔家楼“煤改电”实验室，这里堪称中国北方农村采暖微型博物馆。流连其中，宛如时光倒流，一个个感人至深的故事向我涌来。

## 早起的鸟儿会唱歌

北京市电力公司营销部副主任龙国标有早起的习惯，这习惯是因家事养成的。

那一年，儿子刚一岁，在大兴区防疫站上班的爱人突然患了糖尿病，急送一家医院，却被误诊了。年纪轻轻的，血糖指数高得爆表，险些送了性命。最后关头，转院至另一家医院，才拾回一条命。

“你放心，一切有我呢！”看妻子病恹恹的，龙国标安慰道。

从此，无论春夏秋冬，每天凌晨5点20分，龙国标准时起床，洗漱过后，先做早餐，等儿子吃完了，再送其上学。然后，直奔单位，看表，恰好 7 点，离上班还差两个小时，他便开始梳理自己一天的工作，在小本子上记下几笔，拉个条子。天长日久，早起成了龙国标的习惯。这习惯 12 年未变，也提前到岗 12 载。

在 2016 年，“煤改电”工程开始前 20 天，距可研报告递交到各供电所的时间也进入了倒计时，龙国标的工作时间进入“疯狂状态”，在营销部史景坚主任组织下，几位处长分别带人不分昼夜连轴转，每人联系十几个供电所，170 个供电所的人员全部出动，入村入户，统计调查数据。逐家逐户排查，每家的面积有多大，走线具不具备，不分装会不会过载，村里的线路怎么行进，变压器安装位置……这些繁杂的数据，他们都能迅速标注到图纸上。要知道，2016 年完成“煤改电”工程的 25 万户、647 个村的烟囱被从地图上抹去，这个任务量在当时可是创纪录的。

这是一场硬仗啊。龙国标像讲快板书一样，讲自己同事的故事，出语如枪子那样快。他的话是那么的接地气，寥寥几句，便将一个人的特点、性格活灵活现地勾勒出来。

他说，史主任不是一般人，而是“神人”，他走路脚步很轻，飘飘忽忽地就过去了。脚步快，思路亦快，繁事、杂事、难事，在他面前就没有一件能让他不高兴的事，都给轻轻松松办了，解决问题能手啊。

他说，王诜处长，就是一位急先锋，有一种逢山开路、遇水架桥的气势，有股子冲劲，棘手的事情都交给他办了，王诜横刀立马，打先锋，一一摆平。

他说，市场处长赵乐是位快刀客，做事干脆麻利，带领一拨娘子军，风风火火闯京城，要风得风，要雨得雨。陈海洋是一位全能手，什么活接过去，都能干。

他说，年轻的专工马凯就是一头黄牛，他和爱人都在北京工作，孩子刚两岁，扔给太原城里的父母，两个礼拜回太原看一次。周五晚上坐车回去，孩子晚上等到十点钟，见爸爸敲门了，站在门口开门说，爸爸你干吗来了？问得马凯哑口无言。有一天晚上回去晚了，儿子已经睡了。第二天上午再见时，儿子独自在院子里玩，见了爸爸，不会扑上来要大人抱，远远地，躲避着，眼睛里尽是提防神色。马凯看着，眼泪唰地掉了。

说曹操，曹操到，龙国标话音未落，马凯便推门而入，进来请示工作。龙国标嗖地站了起来，说后天周六，要汇集讨论今年“煤改电”工程每个村的风险点，研究落实责任到人事宜。

“嗐！”马凯说，“明儿周五，我已经买了回太原的车票。”

“这怎么办？”龙国标有点于心不忍，可是却又不好意思开口。

“那我退票吧。”马凯主动提了出来。

加班加点，已成了他们生活的常态。

“这都习惯了。”龙国标说，“我每天提早两个小时到办公室，日积月累，怎么能不进步呢？早起的鸟儿会唱歌，早起的鸟儿有食吃啊！”

## 万家皆圆我不圆

范亚南家住海淀区皂君庙。2017 年元旦钟声敲响不久，他参与到“煤改电”工程项目中，就再也没有了属于自己和家人的时间。

每天清晨，霜风晓月之中，他便悄然出门。6 点 30 分准时入地铁，几乎穿越北京城，7 点 30 分到达大兴。晚上加班，如果过了 11 点，就错过了回家的末班地铁，只好睡办公室的沙发，每周至少三个晚上住在办公室。

有一天，徒弟发现一个秘密，范亚南办公室的皮沙发破了一个洞，不禁啧啧，问道：“师傅，一个人要有怎样的定力，才能将皮沙发睡穿呀？”

“质量不好呗！”范亚南搪塞一笑。

其实，从 1 月 23 日起，身为大兴区输配电工区主任的范亚南就没有一天轻松过。他与专工田圃升一起，用了两周时间，将大兴区“煤改电”的村庄和线路进行了一次调研，十几个供电所全体职工入村入户，一家一户摸底，逐条线路勘察，将 1510 台变压器合理分布，对 10 千伏、35 千伏线路是否需要扩容，一一计算，然后报给市公司营销部。可研报告终于完成了，方案、原则也出来了，传给各供电所长，让其照章执行。

太阳刚刚升起，朝晖映在天幕上。例行的施工早会一结束，范亚南便带上安检、运行等部门的 5 位同事，将大兴区域内 22 支施工队伍的工地巡查一遍。埋杆多深、有无记录、绝缘处理如何、会不会放电皆列入巡查指标，再列出明细，符合标准的发蓝色标识，不符合的出示黄牌警示，严重违规的则为红色。得了红牌，那就直接走人。除此之外，还有三个月一评的“煤改电之星”，这意味着有奖就有惩，评比还采用末位淘汰制，若哪支施工队考核垫了底，对不起，结账走人。

范亚南提及此事时异常坚定，说他已经“开”了三支队伍，但并非自己横蛮不讲理，而是把质量第一、对老百姓的态度第一当成硬指标。挨第一刀的是在青云店镇施工的一支队伍，查出现场防雷和电杆填埋深度有问题。

“马上整改。”范亚南严肃地说，“老百姓的事情，就是天大的事情，下不为例。我明天还来检查。”

施工队长以为说着玩玩，未及时布置整改。

谁知范亚南说到做到，第二天上午，第一个看的点就是这支施工队伍的作业现场，竟然一点未改，我行我素。

范亚南将施工经理招了过来，说：“你马上派会计跟我去结账，然后走人。”

“范主任，我们可是跟电网公司干了多年的队伍啊。”

“这不是国家电网要的队伍。”

第二刀砍在了庞各庄镇的施工队身上。范亚南从现场驾车缓缓而行，从挡风玻璃看出去，现场非常零乱，剪的线头、砍下的树梢，扔得满地皆是。下车一看，变压器施工有严重问题，电缆连接和制作不规整。他对施工经理吩咐道：“变压器安装质量关乎百姓取暖用电安全，马上改，将现场打扫干净。”

第二天上午范亚南杀一个回马枪，现场仍旧一地鸡毛。

“你们的执行力有问题，说了不改。”范亚南斩钉截铁道，“收拾东西，准备走人。”

“范主任，再给我们一次机会。”

“没有机会！”

第三刀砍向了在魏善庄施工的一支队伍。施工路面破除了，绿地植被有破损并且没有及时恢复，现场到处乱糟糟，干扰了百姓的生活出行。

范亚南挥了挥手说：“走吧，这样的队伍代表不了国家电网公司的形象。”

三支队伍一“开”，所有施工队都震动了，令行禁止，检查组让改就改，不再有任何侥幸和懈怠。

时至仲夏，“煤改电”工程的时间表越来越紧张。这时范亚南突然接到哥哥电话，说陪母亲坐高铁来北京看病。

“妈妈怎么了？”

“妈妈心脏病犯了。”

“啊！又是心脏病！”范亚南神情陡然一变，额头上渗出了汗水。

“见面再说吧。”哥哥在电话那头道，“到时，你到车站来接我们吧，妈妈可是走几步路就脸色煞白，冷汗淋漓。我不希望她再蹈父亲的覆辙。”

哦！一提到父亲，仿佛就撕裂了范亚南的伤痕。父亲在老家因心梗发作而骤然离世，那是他心里永远的悔与痛。

可是他太忙了。哥哥陪着母亲抵达北京时，他到底还是没有时间去接站，而由哥哥打车，直接送母亲去了医院。晚上 11 点，他匆匆赶到医院，因为没有床位，母亲只好睡到走廊上。之后他就白天工作，到了深夜跑过去在走廊上陪母亲。等母亲睡熟后，到医院候诊大厅找把椅子躺下歇会儿。母亲住院 12 天，他在铁椅上躺了 12 晚，看着儿子一脸疲惫，母亲心痛，说：“亚南，回家去吧，好好睡一觉。”

“别赶我，我要陪妈妈！”范亚南恳求。

“亚南，你已经 6 年没有回家过年了。”妈妈近似请求，“你爸爸不在了，到春节回来吧，陪妈妈过个年。”

“哦！哦！”范亚南眼睛里噙满了泪水。支吾半天，他没给母亲一个肯定的答复。

2017 年春节，是北京京郊“煤改电”工程迎来的首个取暖季中的佳节，范亚南身为工区主任，咋能回家啊。

小年刚过，妈妈就一次次来电话，催问儿子何时归来，他仍然无法给母亲一个准确的回答。“煤改电”工程后，大兴区 152 个村、4 万多户人家告别煤炉子，用上电取暖。春节期间正是每家每户用电的高峰期，若过载跳闸或放烟火导致短路，3 个小时内必须恢复供电。为此，他们特意为小区准备了应急电源车，外协抢救队伍全部在供电所随时待命，一旦百姓家断电，将以最快的时间抢修，不会因为停电而让群众挨冻。

大年三十，范亚南再次走上指挥台，这一回，他神色淡定了。工区 147 人，全部在岗，无一人休息，大家分别蹲守在 85 个烟花爆竹燃放点附近，来回巡查，以防事故跳闸。

华灯初上，北京城郭烟花满天，万家皆圆独我不圆。范亚南穿行于村落闾巷，鞭炮声声，在范亚南的心中，母亲最重，百姓亦最重。他透过烟花如锦的炫目夜空，目光投向遥远的江南，向老母亲默默喊一声心语，对不起，妈妈，恕儿难从命。

## 北京笑容，再现金秋蓝

又见秋草黄，北京城乡碧树落金。

只用了两年，1778 个村的烟囱消逝了，数字简单可见，但数字背后的艰辛只有电网人自己心里最清楚。而今北京天穹金秋蓝、古都蓝正在增加，电网人功不可没啊。

落霞时分，刘兴义巡线，疾步走过琉璃河，走过周口店，极目远眺大平原上的村庄，往事依稀。北方的村庄很安静，炊烟不再，可是在蓝天白云的映衬下，刘兴义觉得这片故园比过去更美了。

他的笑容也像白云一样美！

## 单元学习任务

### 任务一

请阅读《点亮“国宝”回家之路》《天空的微笑》两篇文章，根据提示，说说新闻评论、报告文学、消息、特写、通讯的异同。

| 比较项目 | 新闻评论 | 报告文学 | 消息 | 特写 | 通讯 |
| --- | --- | --- | --- | --- | --- |
| 时效性 | | | | | |
| 报道对象 | | | | | |
| 篇幅 | | | | | |
| 表达方式 | | | | | |

### 任务二

新闻评论讲究观点鲜明、针对性强，注重行文的逻辑性。认真阅读《让全社会充满道德温度》《中国故事，更精彩的书写还在后面》，选择一篇你最喜欢的文章，与同学合作撰写一段推荐语，并阐述推荐理由。

新闻采访从整体看，包括采访的准备和实施两个阶段，它是新闻传播的起点，是采访者运用自己的新闻观点、知识积累和思维方式，通过亲自观察、倾听，经过思索而做出分析判断的过程。新闻采访要求采访者具有新闻敏感、应变能力和采访技巧，能够在错综复杂的客观事物中敏锐地发现新闻，在稍纵即逝的机遇中迅速地捕捉新闻，在各种困难的条件下巧妙地发掘新闻。

本单元选文体裁多样，既有采访方案及采访提纲，还有现场访谈记录。

阅读本单元的文章，首先，要结合具体新闻作品或采访实例，全面了解新闻采访的过程；其次，要从采访实例中学习搜集新闻事实的方式方法；最后，还要学以致用，在采访实践中加深对新闻采访意义和价值的理解。

# 1. 新闻采访方案设计

⊙贺敬敬

深度报道采访：（以公交车上让座为例）

**一、报道概述**

1. 报道名称：公交车上让座，是道德还是义务？

2. 报道定位：以近期公交车上未让座挨打的新闻事实、焦点热点为基础，以深刻性、思辨性为特色，以快节奏、犀利的新闻语言为普遍风格，以新闻调查和采访为手法，层层深入透视公交车上未让座挨打事件的真相，并且全面展示群众对此事件的态度与评论。

3. 受众定位：以关注公交车上让座事件，关注新闻和新闻真相的成年人，以及新闻领域的学习者和研究者为主要目标受众。

4. 报道编排：分为事件基础调查板块和

深入调查板块两个部分，你可以想两个比较高大上的名称，前者主要是简要地介绍新近发生的新闻事件并对其进行简短客观的评价，后者主要是报道的核心部分，要对公交车上让座事件进行深度的挖掘与评论。

二、报道策划文案

从多个方面设计文案，这是本文的重点所在。为我们学写采访方案提供了范本。

1. 基础调查板块：新闻浅知道

2. 深入调查板块：新闻深一度

（1）报道主题：公交车上让座，是道德还是义务？

（2）主题可行性分析：在近期的新闻报道中，我们经常可以看到公交车上年轻人因未让座被老人辱骂或殴打的事件。给老人、孕妇以及小孩让座，这是我们的传统美德，但美德不是法律。公交车上让座，究竟是道德品质的体现，还是年轻人应尽的义务？公众对于这件事情又持怎样的态度呢？经常乘坐公交车的老人们又有哪些话要说？专业的社会工作者又有何想法和建议？这些需要我们对其进行调查，也值得我们去深思。

（3）事件背景：简单交代一下这件事情发生的背景，叙述一下你的采访是基于哪件事情，目前这件事情又有怎样的进展了。

这是关键部分，尽量考虑全面，做好预设，为后期采访做好前期准备。

（4）采访计划

①采访对象：分为三个领域对象。一为经常乘坐公交车的年轻乘客。了解这些乘客平常是否会主动为老人让座，是否看到过或经历过未让座被老人辱骂或殴打的情况，如何看待此类现象，对于公交车上是否应该给老人让座持怎样的态度。二为经常乘坐公交车的老人。是否经常有人给自己让座，如何看待老人殴打未让座乘客的现象，认为给老人让座是道德还是义务。三为相关人士（可以是专家律师等）。如何看待近期此类新闻，对于是否应该给老人让座持怎样的态度。

②采访时间：根据不同采访对象的时间安排而定，灵活选择。

③采访手法：纪实采访为主，力求反映真实情况。必要时可以采用问卷调查形式。

④问题设置与采访安排：由于采访对象来自不同领域，根据不同采访需求，在问题设置和采访手法上必须区别对待。

预设好问题，做到有的放矢，同时也要准备几个备选问题，以备实际采访中灵活处理。

【普通乘客（至少四个问题）】

作为此次事件的主体，我们在采访时主要的核心是这类乘客在生活中对于让座的经历和态度。

问题一：

您有过公交车上给人让座的经历吗？

问题二：

您让座的对象有哪些？

问题三：

如果在公交车上您自己没有座位，还会帮老弱病残孕寻找座位吗？

问题四：

您是否看到过或经历过未让座被老人辱骂或殴打的情况，如何看待此类现象？

问题五：

您认为公交车上是否应该让座，让座是年轻人的道德还是义务？

【老年乘客（至少三个问题）】

主要是探索老人对让座的看法。

问题一：

是否经常有人给您让座？

问题二：

您如何看待老人殴打未让座乘客的现象？

问题三：

您认为年轻人给老人让座是道德还是义务？

考虑不同的采访对象，设计不同的问题，凸显新闻的准确性。

对于采访问题，你的看法：________

【相关人士（至少三个问题）】

主要是询问一些非当事人的看法，比如公交车售票员、社会工作者、法律人士。

对于公交车售票员：请问您对老人殴打未让座乘客事件怎么看？

对于社会工作者：如何客观地看待让座问题？如何正确引导群众价值观？

对于法律人士：这样的事件是否会触及社会道德及法律？

⑤采访准备：查阅相关的采访资料，做到心中有数。检查自己的录音笔、笔记本、笔等工具是否齐全。

⑥采访结束整理：对采访材料进行核实，写出新闻。

**学习提示**

采访方案的设计对做好新闻采访工作十分重要。采访方案的设计就是采访前的准备，带有计划性、针对性和目的性。这则采访方案从多个方面对后期的采访工作进行问题预设，内容详细、具体，为后期的采访报道打下了良好的基础。

在阅读中思考：一篇成功的采访方案包括哪几个板块？设计采访方案时需要做好哪些方面的准备工作？

# 2. 采访提纲的设计

⊙王雪芳

对于初学采访的人来说，准备采访提纲可以说是必不可少的环节。采访提纲，简而言之，就是即将进行的采访的流程和内容。撰写提纲可以促使我们提前做好充分的准备，比如了解采访对象、采访内容等，从而使采访能够顺利、流畅地进行。

在准备采访提纲时，首先，我们必须明确采访目的。无目的的采访是无意义的，没有进行的必要。其次，要明确采访步骤及相关细节，比如时间、地点等。另外，要明确采访对象。一些重要的采访对象，是不可忽视的，要进行充分的准备，以免主次不分、遗漏采访对象的现象发生。最后，要准备采访的问题，并提前筛选问题，将重要的问题排在前面，次要或不重要的问题往后排或者

采访提纲要设计全面，问题设计要考虑新闻价值。

删掉。提出的问题必须具体、客观、有针对性，这样才能达到采访目的。

在初期，采访提纲要尽可能写在纸页上，以规范自己的采访行为。在熟练掌握采访环节之后，可以按照经验进行采访。

下面，我们来结合具体的例子，学习采访提纲如何设计。

这篇采访提纲内容包括：______、______、______三部分，你认为还可以涉及的内容有：______________________________。

## “春蕾计划”活动采访提纲

【采访目的】

介绍失学儿童的生活现实，传达全社会范围内救助失学儿童的意义，报道此项活动在 × × 市的进行情况以及一些先进典型。

【采访准备】

一、明确采访时间及地点

× 年 × 月 × 日　活动现场（或其他）

二、明确采访对象

参加活动的领导、该项活动的负责人及捐款的师生

三、确定采访方式

深度访谈，照片拍摄

四、准备采访器材等

纸、笔、录音和录像设备、照相机

【采访问题】

1. 采访到现场参加活动的领导。内容包括开展活动的意义、如何让全社会都来关心失学儿童问题。

2. 采访 ×× 市“春蕾计划”活动的负责人。采访内容包括活动的流程及举办方式，第几次举办该项活动。

3. 采访重点人物——为“春蕾计划”捐款的师生。采访内容包括为什么参与此项活动，对该活动的理解与收获。

采访提纲一般包含以上几项，但在实际采访过程中，要具体问题具体分析。除了做好充分的准备，也要具备随机应变的能力，以保证采访活动有条理地进行。

现在，请同学们相互合作，为学校运动会等活动的采访准备提纲，从而更好地掌握采访提纲撰写与应用的方法。

机会总是留给有准备的人，进行采访，第一步要设计采访提纲。本文以“‘春蕾计划’活动采访提纲”为例，为我们提供了切实可行的方法引领。

通过学习，你认为采访提纲设计应具备哪些要素？要想达到采访目的，你觉得要精心规划哪一项设计？采访问题的设计有哪些注意事项？

# 戚发轫院士专访：从“神舟”到“天宫”（节选）

⊙余建斌

**【采访背景】**

进入新世纪，我国航天事业取得飞速发展。2003 年，“神舟”五号飞船将中国第一位航天员送上太空；2005 年，“神舟”六号飞船成功地进行了我国第一次双人五天的太空飞行。这次发射“天宫一号”目标飞行器，又让人看到我国空间站建设正在稳步推进。

在“天宫一号”发射前夕，记者采访了中国工程院院士、中国载人航天工程顾问、“神舟”飞船原总设计师戚发轫。戚发轫曾经主持了“神舟”一号、二号、三号、四号、五号飞船的研制，现在，他为我们讲述中国航天事业从“神舟”到“天宫”的纵深跨越。

**【人物】**

戚发轫，空间技术专家，中国工程院院士、中国载人航天工程顾问、“神舟”飞船原总设计师。博导，国际空间研究委员会中国委员会副主席。国际宇航科学院院士，第九、十届全国政治协商会议委员会委员。

【对话】

## 无人航天和载人航天的区别

记者（以下简称记）：无人航天和载人航天最大的区别在哪里？有人说，载人航天带给中国航天最宝贵的财富是促进了航天产品质量的提升？

戚发轫（以下简称戚）：要把人送入太空，技术上的复杂就不去说了。关键是，载人航天人命关天，安全性和可靠性成为最重要的一个理念。搞载人航天必须把安全和质量放第一位。

一般来讲，航天产品可靠性 0.97。比如火箭发射 100 发，允许 3 次失败。载人航天因为有人，必须保证人的安全，就提出安全性指标为 0.997，也就是千分之三的失败率。

要做到这一点，很不容易，要把所有可靠性措施都用上。比如搞飞船，要做到第一次故障出现时能正常运行，出现第二次故障时航天员能安全返回，为此必须要有故障对策。因此，火箭从起飞到把飞船送到预定轨道，就有 8 种故障救生模式，不同高度都有。在任何情况下，也要让人安全回来。在飞船入轨之后制定了 180 多种故障对策，在 70 多万条计算机程序中，30% 是应付正常飞行，70% 是用来应付故障，可见工作量之大。

载人和不载人不一样就在这里。为了保证人的安全，所有能想的都想了。载人航天确实为航天事业创造了可靠性和安全性的高水平。

## 为何选择飞船而不是航天飞机

记：中国载人航天为何选择飞船的技术路线，而不是类似美国的航天飞机?

戚：当时中国要搞自己的载人航天，不能再等。那个时候，航天飞机很热门，是当代先进技术的集成。但是中国不具备搞航天飞机的条件。航天飞机确实技术先进，但投入很大，技术难关很多，不符合中国当时的财力和人才所具备的经验。

航天飞机设计理念是要重复使用，应该是一个很经济的运载工具，不仅把人送上去，还可以把卫星带上去，替代运载火箭。但从工程上来说，这种想法还是很难实现。现在来看，美国通过100 多次航天发射发现，投效并不像设想的那么好。航天飞机回来之后，光是一万多片防热瓦都要撬下来换掉，重新贴过。这笔经费比研制一个一次性运载火箭还要贵。更为严重的是，航天飞机安全性很差，5 架航天飞机损毁了 2 架，100 多次发射失败 2 次，牺牲了 14 名航天员。现在航天飞机退出了航天历史舞台，美国以后要搞的也是大型飞船。

就我们自己而言，当年大部分人希望搞航天飞机。当时有 5个方案，4 个是大小不同的航天飞机方案，只有 1 个是飞船方案。但最后经过论证，还是决定从飞船起步。我们建造飞船已经有了一些技术储备，并突破了一些技术关键。

可以说中国的航天事业稳步发展前进，基本上没有走弯路。是根据我们国家实际情况决定工作方针，就是有所为有所不为，集中力量打歼灭战。

## 新闻评论的作用

1. 引导作用

旗帜鲜明地表彰先进，针砭时弊；帮助读者明辨是非，区分先进和落后、正确和错误；为读者解疑释惑；为人们正确认识当前的形势指明方向。

2. 监督作用

在弘扬先进思想和精神的同时，还要不断揭露和抨击各种腐败现象和不正之风，对这些不良现象和风气形成强大的舆论压力。

3. 表态作用

代表一定的组织和机构，对当前的社会重大问题和事件表明态度、观点和看法。对国内外重大事件，新闻媒介可以通过新闻评论来表明党和政府的应对态度。

4. 深化作用

对新闻事件发表看法、表明态度、指出症结所在、提出希望和看法，引导社会认识。通过对事实的分析，从思想、政策、理论高度提出问题、分析问题和解决问题，而不应局限于就事论事。启发和帮助读者掌握科学分析的方法。

## 单元学习任务

### 任务一

阅读《戚发轫院士专访：从“神舟”到“天宫”（节选）》一文，说说进行新闻采访时应如何设计采访问题。

### 任务二

#### 采访初探

冬天，农村的一些传统取暖方式既存在一定的危险性，又对环境造成一定的污染，村民委员会决定改变取暖途径，并给出了三种方案：天然气取暖、空调取暖、地源热泵取暖。请你设计一份采访提纲，对村民的意向进行调查，获得全村取暖方式选择的第一手资料。

新闻写作是新闻作品的制作活动，是新闻采访的继续和延伸。用事实说话是新闻写作最基本的原则。所谓“用事实说话”，就是通过报道事实向读者阐明某种思想和观点。与一般的作文不同，新闻写作有着比较明显的程式化特征，其格式、结构和各部分都有比较明确的任务。

阅读本单元的文章，要注意发现和了解新闻（消息）体裁的格式要求、结构特点及各部分的作用，把握标题、导语、主体、背景、结语等部分的写作要领，通过文章后面的活动完成新闻（消息）相关内容的写作训练。

# 1. 消息标题

⊙郭光华

## 消息标题的结构

从结构形式来看，消息的标题比其他文章的标题要更为多样。

消息标题按结构可分为单一型和复合型两类。

单一型标题一般为单行标题，也有做两行的；复合型标题为多行标题。前者只有主标题，后者则包括了主题和辅题两部分。

了解消息标题的两种类型及特点。你认为《首届诺贝尔奖颁发》一文，采用的是哪一种标题形式？

主题又被称为“正题”。它是标题中最主要的部分，在复合型标题中，主题的字号要大于辅题的字号。一般来说，主题的作用在于点明消息中最主要的事实与观点，文字十分简洁。

辅题包括引题（又称眉题、肩题）和副

题（又称子题）两部分。这两部分在标题中可以二者兼有，也可以二者取一。与主题组合，构成多种变化，能增加标题的表现力，丰富报纸版面形式。引题在主题之上而字号较小，它主要是从一个侧面对主题进行引导、说明、烘托或渲染。副题是置于主题之后的次要标题，字号最小，它主要是对主题起补充、注释作用。

本书中《创造港珠澳大桥的"极致"》一文的标题属于实标题还是虚标题？

按内容区别，消息标题分为实标题和虚标题两类。实标题重在叙事，着重具体表现新闻事实中的人物、事件、地点等要素。虚标题重在说理、抒情，着重揭示新闻事实中所蕴含的道理、思想、原则等。在标题制作中，特别要注意处理实标题和虚标题的关系，具体来说要注意以下几点：

第一，单一型标题不管是单行题还是双行题，都应是实标题。例如：

例 1：日本议员空中"视察"钓鱼岛

例 2：煤：山西积压　上海缺口

例 3："鲇鱼"今登陆粤东
广州塔或闭塔避风

以上 3 例，前 2 例为单行题，例 3 为双行题，都属于单一型标题，其内容都是写实的。

第二，复合型标题中，至少必须有一个实标题。例如：

结合具体例子，草拟几则消息的标题，要求既有主标题又有副标题。

1.______________

2.______________

3.______________

例 1：工会热心肠　人走茶不凉

（主题　虚标题）

锦屏化工厂安排好退休工人的晚年生活

（副题　实标题）

例 2：我国航天技术又一新成就

（引题　虚标题）

试验通信卫星发射成功

（主题　实标题）

例 3：政协委员批滥用“屌丝”

（主题　实标题）

称并非所有的网络语言都适合在媒体表达

（副题　实标题）

例 4：知否？知否？应是贱“肥”贵“瘦”

（引题　虚标题）

爱吃瘦肉者，请您多付钱

（主题　实标题）

本省十几个县市调整猪肉各品种之间的差价

（副题　实标题）

上面前两例都有一个实标题，后两例中的主题和副题都是实标题。

第三，在大多数情况下，引题以虚标题居多，副题以实标题居多，主题可虚可实。如果标题中有两个实标题，要注意处理二者的关系。如果主题是实标题，它标出的是新闻事实的主要内容，如上例中“爱吃瘦肉者，请您多付钱”，副题则应该是对主题中实标题的内容进一步补充或进一步具体化，如上例中“本省十几个县市调整猪肉各品种之间的差价”。

结合文章说说，新闻标题的拟写有哪些要求？

## 消息标题写作要求

一个好的新闻标题不仅要符合新闻事实，而且还要有好的思想内容。标题必须有很强的表现力、吸引力、说服力和感染力。为此，在标题制作时，应从以下几个方面努力。

1. 生动传神

新闻标题如消息的眼睛。眼睛是心灵的窗户，最能传神。要选取那些最能传达新闻事实和新闻主题的词语写入标题。如：

最后一个英国士兵默默地撤离了埃及

标题用“默默地”三字来描绘英国士兵撤走时的神态，既准确地表达了侵略者撤走时垂头丧气的情态，衬托了埃及人民的扬眉吐气之貌，又鲜明地表达了作者的褒贬之意。

仿照例子，赏析《折翼海天，用生命为航母事业铺路》一文的标题。

2. 简洁工整

20 世纪 40 年代有一部电影名叫《一江春水向东流》，其中有一个镜头：报纸上有条消息的标题非常显眼——“前方吃紧，后方紧吃”，把抗战前线的严峻激烈与后方国民党官员逍遥寻欢和大肆搜刮形成强烈的对比，用词简练工整，一字位置之换，既淋漓尽致又生动传神，给人以深刻的印象。

新闻标题要求字数少，特别是主题，语句要求十分凝练。修辞上还要讲究对仗、押韵。有些好的标题，直接化用古诗词名句，如《中国体育报》上有一条消息的主题为：

赏析本书中一则消息标题：______

三番五次凌绝顶　为何不能过小山

这是从杜甫《望岳》一诗中的名句“会当凌绝顶，一览众山小”点化而成，说的是我国乒乓球名将邓亚萍与日本选手小山智丽的比赛。邓亚萍多次登上世界冠军宝座，用“三番五次凌绝顶”，而其中“小山”二字语意双关，更是用得贴切奇绝。又如：

春风吹得远客醉 直把店家当自家

（主题）

镇江饮食店热情待客真个名不虚传

（副题）

这个标题的主题，是从宋代诗人林升《题临安邸》一诗中的“暖风熏得游人醉，直把杭州作汴州”两句衍化而来的。放在这里，既简洁，又富于表现力。

3. 标题制作要新颖别致，不拘一格

新颖别致的标题，能给人耳目一新之感，自然能先声夺人、吸引读者的注意。制作新颖别致的新闻标题，全在于作者的聪明才智，大胆创作。如：

“秀山”“明山”不爱山

“树林”“玉林”不惜林（引题）

宣恩县查处五起林业案件（主题）

这条消息报道的是湖北省宣恩县查处了5起林业案。这5起案件涉及5个人，其中4人分别为“秦秀山”“陈明山”“赵树林”“陈玉林”，引题巧妙地将他们的名字与他们滥伐林木、破坏森林的行为连在一起，特别是凸显出他们的名字与他们的行为二者构成的矛盾，可谓别出心裁、机智幽默。

### 新闻评论的几种常见形式

1. 以中央和上级指示为内容写评论。这种评论能起到传达上级指示精神的作用，是报纸上很常见的评论样式。

2. 配合中心任务和重大决策写的指导性评论。

3. 针对一种错误倾向、错误思想或者模糊观点写的评论。

4. 为突出新闻、通讯的思想性为其配发的评论。也就是在对问题作了事实的回答之后，再给予理论上的、思想上的评论。

5. 总结推广先进经验的评论。

6. 有关节日、纪念日以及重大活动的新闻评论。

7. 对敌进行论战的批驳式的评论。

8. 对某个问题进行理论阐述的评论。

# 2. 新闻导语写作技巧

⊙陆　远

导语用简要的文字，集中呈现最重要、最新鲜或最有特点的新闻事实，提示消息的要旨，吸引读者进一步阅读文章。

导语是新闻消息的开头部分，好的导语能给读者恰到好处的引导。可以说，导语是一条新闻最重要的部分，它决定了读者是否会对这条新闻感兴趣，是否会继续阅读下去，因而也就决定了这条新闻报道的成败。所以，学会写导语，是掌握消息写作的关键。

一般说来，以凝练的语句提示新闻主题、吸引读者的第一段或第一句话就是导语。但也有复合导语，即两个或两个以上自然段落合成的导语的变种。导语的写作至关重要，虽然不太好把握，但也有规律可循，下面介绍几种导语写作类型。

**叙述式导语**。这种类型导语的特点就是将新闻最重要、最精彩的事实用简练的文字叙述出来，以吸引读者。比如：

肯尼迪总统今天遭枪击身亡。

——《纽约先驱报》1963 年 11 月 22 日

**对比式导语。**这种类型的导语采用的是把过去的情景与现在的情景相比较，或甲地比乙地，或美丑对比等，使消息中的新闻价值充分地显露出来。比如：

本报北京10月9日电（记者 武卫政）环境保护部今天发布《2007年全国城市环境管理与综合整治年度报告》，公众对城市环境保护满意率调查结果首次被纳入《年度报告》。在被调查的地级及地级以上城市中，山东省的临沂市、东营市、日照市、烟台市，黑龙江省的大庆市、黑河市等6个城市公众满意率大于90%，而山西省的大同市和广西壮族自治区的贺州市等城市公众满意率较低。

**评论式导语。**这种类型的导语是对报道新闻事实进行精辟、简洁的具体评论，进而充分揭示其中的意义与价值，广泛吸引读者的全面重视。例如：1994年2月8日，新华社播发了上海证券交易所无偿资助中央乐团每年250万元的消息，导语如下：

被视为阳春白雪的交响乐团幸遇知音。上海证券交易所理事长李祥瑞宣布，从今年起，每年无偿资助中央乐团250万元人民币。

将《“飞天”凌空——跳水姑娘吕伟夺魁记》改写为一则消息，导语可以这样写：______________________________________________

**设问式导语。**设问是无疑而问，目的在于引人注意，启发思考。设问在新闻导语中运用，是新闻导语向多样化、形象化、生动化方向发展的表现，主要是靠抓住读者心理来吸引读者。比如：

同志，您见过这样的婚礼吗？没有宾客、宴席，新娘挑着嫁妆过门。

——《中国农民报》1981年12月20日

**结论式导语。**把结论写在开头，提示报道某一事物的意义或目的或总结。比如：

本报北京10月9日电（施芳、潘兰婷）东亚峰会气候变化适应能力建设研讨会今天在北京举行，中国就加强发展中国家适应气候变化能力提出四点倡议。

**疑问式导语。**在新闻开头提出问题，引起读者的疑问、思考与阅读兴趣。比如：

如果你花20元买了一张动物园门票，进园后又要再掏腰包进“园中园”，你会有何感受？近日，重庆市动物园的这种做法，遭到许多游客的质疑。

对于不同的新闻事实，要有针对性地采用不同形式的导语，使新闻事实更有吸引力，能真正地引起读者的阅读兴趣，达到新闻报道的目的。

### 新闻的“零度写作”

“零度写作”来源于法国文学批评家罗兰·巴特 1953 年发表的文章《写作的零度》，多指作者在文章中不掺杂任何个人的想法，完全是机械地陈述。新闻写作要遵循“零度写作”的原则，对新闻事件进行客观、准确的报道，将事实完整地传递给受众。

零度写作并不是缺乏感情，更不是不要感情，而是将澎湃热烈的感情降至冰点，让理性升华，从而能够客观、冷静、从容地抒写。

# 3. 写好消息主体部分的几个要领

⊙陈已恒

消息是一种非常常见的新闻题材，好的消息不仅能吸引读者的阅读兴趣，还能达到传播事实的目的。

从结构上分，消息包括标题、导语、主体、背景和结语五个部分，而主体是消息的主要部分。消息的主体写作，是有规律可循的，重点要把握以下几个要领：

**一、充分阐述事实，选取典型的事实材料**

消息写作的重点是反映和报道事实，所以应该充分地展示事实，不能过于片面，否则会以偏概全。但是，在写作过程中，也不能面面俱到，没有重点。除此之外，要写好消息的主体，必须善于抓取最关键、最深刻、最典型的事实材料，揭示消息的主旨。

1945 年，美国向日本投下一颗原子弹，许多记者来到广岛进行采访报道。记者霍默·比加特除了列举数据，还具体描写了被炸后的广岛：“河东岸城区毁坏的情况同欧洲被炸弹摧毁的城市没有什么不同。许多建筑物只剩下了残垣断壁，街上堆满了碎砖破瓦。”

霍默·比加特所写的被炸后的广岛是“残垣断壁”“堆满了碎砖破瓦”，非常具有冲击力，这充分展现了原子弹所具有的强大威力，远非普通炸弹所能及，这对普通读者来讲是非常新鲜且典型的。

**二、选取巧妙的叙述角度，把内容叙述得波澜起伏**

俗话说，文如看山不喜平。过于平淡的事实陈述，无法吸引读者，那么消息的“传达事实”的使命也就难以完成。因此，在写作消息主体时，在保证新闻真实性的前提下，可以采用比较具有吸引力的叙述角度。荣获第27届中国新闻奖一等奖的消息《折翼海天，用生命为航母事业铺路》，就是一篇非常有借鉴意义的消息。

海军歼-15舰载机飞行员张超遭遇机械故障，为了挽救飞机，放弃了跳伞，壮烈牺牲。记者徐双喜、陈国全选择了一个独特的叙述角度：

> “他是我选来的，也是我送走的，他是个天生的优秀飞行员。”海军某舰载航空兵部队部队长戴明盟动情地说。张超，海军少校，一级飞行员，飞过8个机型。他驾驶歼-8巡逻西沙，驾驶歼-11B在南海战备值班。从陆基转为舰基，他的飞行技能有口皆碑。着舰指挥官王亮说：“他最后一个飞行架次表现依旧出色，面对特情，他的处置冷静而准确。”
>
> 国之利器，以命铸之。舰载机上舰飞行，被喻为“刀

尖上的舞蹈”，是航母形成战斗力的关键。为国担当，他到舰载航空兵部队报到时与妻子张亚约定：“未来一年别来探亲，等我驾战机从航母上凯旋，再与你相聚！”凭着拼命三郎的劲头，张超和战友克服前所未有的风险和挑战，在一年之内完成歼－9、歼－15两型战机改装。“他用自身的实践，为海军舰载战斗机飞行员快速成长探索出了一条路。”海军某舰载航空兵部队参谋长张叶说。

记者没有重复叙述飞行员张超的牺牲过程，而是直接引用海军某舰载航空兵部队部队长、着舰指挥官、参谋长和张超的语言，这比单纯的陈述，更加具有感染力。通过这些语言，我们可以了解到张超的专业素养、壮志豪情，感受到周围人对他的牺牲的悲伤与惋惜，这种处理方式，不仅丰富了人物的轮廓，还能给读者留下深刻的印象。

**三、把握好叙述逻辑，做到层次分明**

每一个新闻事件的发生，都不是绝对单一的。当记者搜集到各种各样的事实信息时，首先要分清信息的重要程度，非关键性信息靠后放或者干脆舍弃，避免罗列事实，做到主次清晰，层次分明。

记者彭放、通讯员杨芳采写的《深夜挨户敲门寻找　救下昏迷夫妇》一文，就非常具有逻辑性。长沙的一对夫妻深夜突然身体不适，便给120打电话求救，随后陷入昏迷。李良义医生立即赶往求救者所在的大楼，但是却联系不上这对夫妻。他决定挨家挨户敲门，最终拯救了这对因中毒而昏迷的夫妻。请看这则消息中的几段：

前晚，接到呼救信息后，李良义一边拨打呼救市民的电话，一边登车出发。对方手机信号不好，隐约听到一名男子说了两句话后，就挂断了。很快，急救车驶到小区楼下，李良义再次拨打对方电话时却无人接听。司机任艺拉响急救车警笛，也不见居民接应。

是有人故意骚扰 120，还是患者病情好转，暂时不需要急救车了？有 10 多年院前急救经验的李良义分析：患者和家属可能遇上突发情况，导致无法接听电话。

"我们挨家挨户找！"凡是窗口亮灯的房间，李良义和任艺一家一户敲门询问。深夜，隔着防盗门，李良义和任艺一一说明来意后，居民纷纷开门并互相打听，但都说没打过 120。

初冬的夜晚，下着雨，寒意逼人。李良义和任艺把整栋楼亮灯的房间问遍，仍没有消息。不愿放弃的两人在小区里商量对策，此时，他们突然发现西南角还有一个小房间亮着灯，走近后，隐约听到有电视传出的声响，敲门，无人应答。"莫非就是这一家？"李良义赶紧拨通那个呼救电话，屋里手机响了，却无人接听。

"没错，就是这一家！"李良义马上拨打 110 报警，民警迅速赶到现场。

门打开后，只见一男一女晕倒在床上，男子手里握着手机。急救车载上两人后，拉响警笛，直奔医院。昨日零时 10 分，急救车赶到医院急诊科。经医生检查，确诊杨军（化名）

夫妻俩为一氧化碳中毒。

记者按照事件发展顺序，先写医生接到急救电话赶往求救者所在的小区楼下，却联系不上求救者，然后医生根据经验分析出“患者和家属可能遇上突发情况”的结论，于是决定挨家挨户敲门寻找，随后救出中毒的夫妻。读者沿着这个顺序读完整条消息，便会清晰地掌握这则新闻的来龙去脉。

主体部分是消息的灵魂。在进行消息的主体写作时，一定要多加琢磨，做到逻辑清晰、有典型性、叙述角度不落俗套，只有这样，才能达到良好的传播效果。

# 4. 常见的几种新闻结尾的写法

⊙郭光华

新闻的结尾方式很多，这里介绍几种常见的结尾方式。

**1. 自然收束法**

大多数新闻采用这种写法，尤其是倒金字塔式新闻，故又被称为“倒金字塔式结尾法”。如 1992 年 11 月 17 日《人民铁道》报的消息《向劳模鞠一躬》收尾：“王冉离开讲台，站好立正的姿势，向劳模们恭恭敬敬地弯下了腰……”简洁有力，又余味无穷，获得了“此时无声胜有声”的效果。

**2. 卒章见义法**

在结尾处，用画龙点睛式的语言，一语中的地点明新闻事实的本质或问题的实质，或总括全篇，或提示读者。它能使新闻主题更加明朗、突出，甚至得以升华。如《湖南日报》2001 年 12 月 26 日消息《洞庭湖长大五分之一》，描述了 1998 年的特大洪灾过后，洞庭湖经过综合治理出现的喜人景象和如画美景。结尾处如此点题：“人与自然在洞庭湖开始和谐相处。随着治理的深入，烟波浩渺的八百里洞庭将再现人间。”

### 3. 别开生面法

写法上显得比较灵活，往往在结尾处另辟一景，与主要新闻事实相映成趣，从另一个角度对主题加以表现或深化。如 1985 年全国好新闻《厂长负责制使优秀厂长脱颖而出》，导语与主体部分主要写高级工程师徐孝纯怎样受命于危难之际，两次出任厂长治厂有方的事迹，新闻的结尾，忽然笔锋一转，跳出工厂，转写家事：

> 可是，这位厂长家中却没有多大变化。书籍仍然是他家的主要财产。徐孝纯每月工资 158 元，他的爱人是位退休纺织工人，他们用收入的很大一部分购买从印染技术到哲学、文学、外语等各种书籍。这位厂长说：“我最爱看关于现代化经营管理的书籍。”

这个结尾从另一个侧面来写人物形象，揭示徐孝纯治厂有方的部分原因。难怪全国好新闻的评委赞曰“特别是结尾耐人寻味”。

### 4. 展示预告法

新闻事实是在不断发展变化中的，现有的事实可能蕴含了今后的发展趋势。同时当报道某一事件的现状时，读者还有兴趣知道下一步发展，或启发读者的思路，让人看到前景，增添信心，或预告事件动态，让人对此作进一步的关注。如 2002 年度中国新闻奖作品《广东着力解决农村困难家庭子女读书难》主体部分着重报道完上一年的情况后，结尾写道：“继去年采取重大举措之后，广东省今年又推出一个重大举措：在年内加快改造革命老区和山区1000所农村小学……”

**5. 拾遗补缺法**

这种结尾往往补充新闻导语和主体部分未提及的新闻要素，使新闻报道完整、圆满；或者补充有关的背景材料，使新闻报道更加充实、可信。例如《水煮鱼居然使用口水油》结尾：

> 如何分辨水煮鱼用的是老油还是新油？一看油色：新油油色发亮而清澈；新油做出的鱼肉比较白嫩；第二，旧油非常混浊，油色发污；旧油做出的鱼肉则比较发暗。另外，餐馆为了掩饰这种不新鲜的油，往往会在油里多放辣椒。

消息结尾告诉人们如何分辨“口水油”及其做出的水煮鱼。补充这一信息对读者来说是十分必要的，没有这个结尾，读者只知其然，加上结尾，就知其所以然了，信息含量也在无形中增大了。

消息结尾可以采用的形式还有很多，但不论采用何种形式，都应注意以下几点：

第一，要顺势而行，既不要草率收尾，也不要拖泥带水。新闻以传播事实信息为主，只要做到事实清楚完整，就不必再强求一个所谓的“结尾”。

第二，要紧扣事实，不可离开事实作空泛议论。有些作者在报道完新闻事实之后，唯恐读者不能体会事实的意义，常常爱作一些空泛的议论。比如“受到众人的一致好评”“进一步调动了大家的积极性”“必将进一步促进工作的开展”，等等。这些都只能给消息留下一个空洞的尾巴，应予摒弃。有的消息，结尾议论，只要是不脱离事实的抽象推理，紧扣事实进行分析，是可以的。

第三，要增添信息，不要重复啰唆。新闻的各个部分都得用来表达事实和主题，但一个事实一个观点不宜简单重复，再次出现时就要有新的信息，简单重复就是多余。消息结尾应该是提供信息、表达新闻事实的平台。

第四，要给人回味，不要生硬说教。新闻结尾是文完之处，如果是文章完了，给读者的回味未完，如撞洪钟，余音袅袅，不绝如缕，是最好不过。有些记者生怕新闻事实的意义不为读者掌握，结尾加上一笔说教，如原广播电视部部长吴冷西就这一则消息的结尾“真是社会主义好啊！”提出批评，说：“这是新闻写作的败笔。”为什么呢？因为新闻事实所反映的内容已足以令人回味和体会到这一点，记者加上这种说教性的议论，反而是画蛇添足。好的新闻结尾，总是注意尊重读者的理解力，把问题留给读者。如消息《当官不与民做主，不如回家卖红薯》的结尾，“一些观众说，这出戏真好，给人以启发。我们一些在领导岗位上的同志，是不是可以向唐成学一点什么？”有什么“启发”？“学一点什么”？留给读者自己去回味。

# 整本书阅读

## 记者札记

⊙梁　衡

### 阅读导航

人的一生中，总有几个可怀念的阶段。怀念天真烂漫的童年，因为那段岁月是一张不可再得的白纸；怀念血气方刚的青年，因为那时有着一股斗志昂扬的劲头。这本书是梁衡在《光明日报》任驻站记者时的作品集萃，是对1978年至1987年那段平凡岁月的纪念。作者选取了一部分曾白纸黑字发于报端的新闻和蛛丝马迹般散在采访笔记中的思绪，将这一段历史和渗透在这段历史中的感情和盘托出。它像一块海绵，饱吸了经验、教训、知识和感情的乳汁；它又像一面镜子，折射出外部世界的山川、人物和作者内心的感受、思索。

这本书的精彩之处主要体现在三方面：一是它的新闻价值，从时间的纵坐标看，这本书里面记录的事件发生在1978年至1987年，这正是中国共产党第十一届三中全会以后我国历史上一段深刻的变革时期，书中许多内容为我们保存了这一段历史的珍贵资料，时间愈久，这些资料将愈显示出它们的价值。二是它的新闻态度，从空间的横坐标看，书中所记录的事情都发生在基层，发生在那些普通工程师、教师和农民中间，是他们真实生存现状的折射。作者本身是一位散文作家，他以对待艺术创作的态度来写作新闻，关于新闻与文学间的关系，他把握得很好，有创造性，值得借鉴。三是书中的独白和续写。书中多篇独白和续写展现了作者当时的愤怒与喜悦，对人事的谴责与尊敬，以及具体的构思技巧和写作过程，这是一个主观世界的坐标，阅读这些独白，可见新闻背后的故事。

本书原名《记者札记：没有新闻的角落》，意思是一个记者在任何困难的情况下也要设法采到新闻。这本书值得一读，特别值得初学新闻写作的同学一读。

## 精彩选篇

神池县将立造林功臣碑

### 表彰高富育林十六载　一心为村里乡亲造福

高富所在的八角村植树七千余亩，

用林业收入资助每户买一台电视。

**本报讯**　在为中国革命做出重要贡献的晋西北革命根据地——这块曾为无数革命先烈立有纪念碑的土地上，如今又将为一位活着的、不倦的建设者立一块“造林功臣碑”。这项决定是最近中共山西省神池县委和县人民政府联合做出的。

这位功臣名叫高富，今年81岁，是神池县八角村的一位普通农民。八角村，历史上风大沙多，灾害频繁。据《神池县志》载：“风大作时，能逆吹牛马，使倒行，或擎之高二三丈而坠。”这里，年年因沙害毁苗，长期低产，水土流失严重。1967年，当时年已65岁的高富，组织了7位平均年龄71岁半的老汉，开进了村南的一条没有人烟的荒沟，开始打坝拦洪植树造林。两年后，一条乱石滚滚的荒沟长满了杨柳。他们的举动感动了村里的乡亲，后来虽然5位老人先后去世，但一批又一批的青年人报名参加高富的植树队。经过16年来的艰苦劳动，这个村共打起了36座土坝和800条土垄，在石滩上淤起了两米多厚的沃土，绿化了8条沟和3.5千米公路，营造了宽50米的7条防风林带，建起了3700亩林网方格田，成片造林面积达7163亩，零星植树7.1万株。过去光秃秃的沙梁、乱石滚滚的荒沟，现已长满合抱粗的杨柳树。据有关部门测算，这个村现在的木材积蓄量共有6800多立方，总值达130多万元，全村人均900元。现在这一笔绿色财富已开始为村民造福。实行责任制后，只间伐的木材便满足了全村家家户户搭牛棚、猪圈、做车辆之用。去年冬天，村委又从林业收入中拿出5.7万多元，资助全村每户买一台电视机，目前已运回230多台。到今年秋天，这里将成为一个户户有电视的电视村。

由于植树造林，现在全村已基本上控制了水土流失，改善了小气候和生态平衡，粮食和油料的产量与16年前比分别提高了1.1倍和17倍。

高富老人植树治沟的经验已引起有关方面的重视，中央、省、市的林业、水保部门现正在总结推广。

高富老人无子，老伴早已去世，他唯一的女儿在外地工作，要接他出去安度晚年。他说：“我离不开这些树。”现在他每天天一亮就拄着拐杖到林子里看树，指导青年人种树护树。村里人都尊敬地称他高富大爷，无论大人孩子，都称这满山满沟的树为“高富大爷的树”，大家自觉爱护，几年来无一偷砍滥伐。党和政府对高富给予很高的荣誉。作为林业劳模，他曾七次出席全省劳模大会；去年，全县又选他为特等劳模。凡来这里下乡的省、市、县的领导同志，都要来看望他，并帮助他解决生活上的困难。

（《光明日报》1983 年 7 月 24 日）

## 独白 24　且把新闻当文学

我曾写过一篇谈散文写作的文章，题目是《试将稿纸当画纸》，讲艺术门类之间的相通相融。新闻和文学之间其实也是一样，所以我在写新闻作品时常会不自觉地且把新闻当文学。

文学是艺术，从某种角度来说，新闻也是艺术。它们至少有三点相似：都是文字艺术、形象艺术，又都常常以人为表现对象。

新闻是追求以最快的速度写出读者最想知道的东西，文学是追求以最形象的手法写出最能震撼读者的东西。前者追求时效，因此难免粗糙、短暂；后者追求艺术，就会精致、长久。以长补短这是一般人都知道的。世界上的事情常常是只要换一个角度就有新奇的效果，所谓他山之石可以攻玉。相声演员的歌喉比不过专业歌唱家，但正因为人们是通过相声享受音乐，便有一种如看异域风光式的新奇感。我们如果能在新闻中尽量用一点文学手法，这消息、通讯就虽不似小说却胜似小说。读者在读真事、新事时竟同时得到了艺术享受，这个新闻就有个性了。

新闻性加文学性是一篇消息或通讯的总分。作者可以尽其所长，尽题材所长，从不同角度来加分。我写的许多山野之人、平民百姓，因题材小，爆炸效应不够，从新闻性来说就先天不足丢分不少，但我尽量从文学性上捡回这个损失，所谓失之东隅，收之桑榆。比如，农民赵生成，18 岁开始灭鼠，创造了 10 多种捕鼠法，还在《动物学报》上发表了论文。这基本的人和事是新闻。赵生成这个人物有一般农民的吃苦勤奋，也有新时代农民重科学、求知识的精神，所以又是个文学典型。那么且把这条新闻当文学来写。我安排了“口技诱鼠”“现场擒鼠”“鼠洞辨伪”三个既有情节又有场景的段落，这在文学上叫形象，但又正好暗合新闻的“现场感”要求。其余还有一些必要的交代，则是以文学的铺垫来完成新闻的背景。这样我们不但知道雁北乡间有农民赵生成灭鼠这件新鲜事，还知道有这样一个身怀绝技的传奇人物。你看他躲于树后，“吱吱”数声，鼠应召而来，如点名一般，一会儿就来了 300 多只；他见地上跑一鼠，大吼一声，鼠不知东南西北，他大步上前，轻轻提起。这是新闻吗？是，不过是有文学色彩的新闻，或是用文学表现的新闻。这样的新闻读者看了一遍可能还想再看一遍，可能还要再推荐给别人看。因为其中有艺术，形象艺术、文学艺术。新闻的目的是让人知道，知道了就够了，一般不看二遍。文学的目的是让人享受，享受是无穷的，越多越好，所以渗透着文学性的新闻读者看了一遍还想再看一遍，这是借文学来传播新闻，保存新闻。因为随着时间的推移，稿件中的新闻性会逐渐挥发掉，而艺术性却会保存下来。报纸刚登出时，人们是为了看新闻而看到了文学，以后人们却为了看文学而还记着这些新闻。

## 阅读规划

梁衡先生在谈“红色经典”创作访谈中说道：“一般人的阅读需求由低到高有六个层次：刺激、休闲、信息、知识、思想、审美。”“文章给人的最深沉的东西，也即是读者阅读需求中的最高层次，一是思想，二是审美。文章有了经典的内容，还得有经典的形式。对形式美的追求，就是表现方法和语言。形式美就似建筑上的装饰美。一座好房子，只有结构美，没有装饰美不行；一篇好文章，只有思想美，没有形式美也不行。”

《记者札记》不是作品集，是作品加剖析；也不是回忆录，是回忆加思考。它是一个时代的记录和一位新闻人的人生总结。这部作品体现了梁衡先生的作品追求：取材广泛，立意高远，意境宏阔，既有理性与大气，又有哲理与形式之美。

我们在读《记者札记》的时候，不妨逐步分层阅读，请用大概两到三周的时间完成这部作品的阅读。

**《记者札记》阅读规划表**

| 阅读时间 | 阅读时长 | 阅读篇目 | 提要摘记 | 阅读心印（可从新闻事实、新闻结构、新闻语言等方面呈现你的发现与收获） |
| --- | --- | --- | --- | --- |
| | | | | |
| | | | | |
| | | | | |
| | | | | |
| | | | | |
| | | | | |

## 交流平台

问题一：记者第一线

梁衡在《和你笔下的人物同命运》一文中总结道："我常想，记者的命运是什么？就是时代的命运。历史在漫长的发展过程中，许多平凡的时日、岁月和人物早被雨打风吹去，唯有那些历史转折时期的事情及做出这些事情的人才会留存下来作为历史发展的坐标。新闻的任务就是记录这些坐标。”读完这部作品后，哪些新闻事件给你留下了深刻的印象？它反映了怎样的社会现实？带给你怎样的深思？

提示：1. 阅读中注意区分不同新闻体裁的呈现形式，在对比中把握消息、通讯、记者来信、内参，以及报告文学的体裁特点。

2. 阅读时要结合新闻事件，把握文章反映的时代特色，感受新闻的报道价值。

3. 阅读中要分析作者冷静客观地陈述新闻事件的语言，在品析语言的过程中感悟作者的情感倾向。

问题二：业界心声

梁衡在独白《为隐者立传，给无名者传名》中写道：“倒不是他们多么伟大，但他们为国为民甘愿吃苦这种精神实在是人类的一份重要的财富。他们根本不想出名，但人们却应该记住他们。这正是我们当记者的责任。”仔细阅读文中作者“独白”部分，感悟作者在采访技巧、文章写作及心得感悟等方面所达到的情与理的高度，从中学习写作和做人的道理。

提示：1. 分类整理文中独白部分，看看哪些文章谈的是采访技巧，哪些谈的是写作经验，哪些谈的是心得感悟。

2. 作者曾以《这段岁月这段情》作为初版的自序题目，阅读时要从“独白”中找到表达作者感慨或感悟的句子，谈谈你从中获得了哪些人生启示，写成一篇读后感。

# 敬 启

为编好这本书，我们与收入本书的作品（含图片）作者进行了广泛联系，得到了各位作者的大力支持。在此，我们表示衷心的感谢。但是，由于个别作者地址不详，虽经多方努力，仍无法取得联系。敬请各位有著作权的作者尽快与我们联系，以便我们支付稿酬，并致谢忱！

我们还要感谢使用本书的师生们。希望你们在使用本书的过程中，能够及时把意见和建议反馈给我们，对此，我们深表谢意，并将给予一定奖励。让我们携起手来，共同完成本书的建设工作。


联 系 人：梁老师　张老师

联系电话：010-58022100

联系邮箱：ztxx2008@sina.com

网　　址：http：//www.ywztxx.com

地　　址：北京市海淀区知春路7号致真大厦A座18层

图书在版编目（CIP）数据

岁月留痕 / 林楚涛主编. — 上海 : 上海教育出版社, 2021.6

ISBN 978-7-5720-0817-7

Ⅰ. ①岁… Ⅱ. ①林… Ⅲ. ①阅读课—初中—教学参考资料 Ⅳ. ①G634.333

中国版本图书馆CIP数据核字（2021）第142048号

责任编辑 李清奇
封面设计 陈丽娟 王艺霖
著作权人 北京华樾教育科技有限公司

**岁月留痕**

**林楚涛 主编**

出版发行 上海教育出版社有限公司
官　　网 www.seph.com.cn
地　　址 上海市永福路 123 号
邮　　编 200031
印　　刷 肥城新华印刷有限公司
开　　本 720×1010 1/16 印张 66
字　　数 900千字
版　　次 2021年8月第1版
印　　次 2021年8月第1次印刷
书　　号 ISBN 978-7-5720-0817-7/G·0633
定　　价 268.00元

如发现质量问题，请向本社调换 电话 021-64377165